Mut zu Inner Work – die Hindernisse zur
Transformation überschreiten

Andrea Hötger

Mut zu Inner Work – die Hindernisse zur Transformation überschreiten

Ein Leitfaden zur Veränderungsbegleitung in Organisationen

Andrea Hötger
bilden & beraten
Borchen, Deutschland

ISBN 978-3-662-68193-0   ISBN 978-3-662-68194-7   (eBook)
https://doi.org/10.1007/978-3-662-68194-7

Die Deutsche Nationalbibliothek verzeichnet diese Publikation in der Deutschen Nationalbibliografie; detaillierte bibliografische Daten sind im Internet über http://dnb.d-nb.de abrufbar.

Illustrationen von: Karin Braukhaus-Becker

Planung/Lektorat: Mareike Teichmann
Springer Gabler ist ein Imprint der eingetragenen Gesellschaft Springer-Verlag GmbH, DE und ist ein Teil von Springer Nature.
Die Anschrift der Gesellschaft ist: Heidelberger Platz 3, 14197 Berlin, Germany

Das Papier dieses Produkts ist recyclebar.

Inhaltsverzeichnis

Über die Autorin

Dr. Andrea Hötger beschäftigt sich seit ihrer Jugend mit Lern-prozessen in Gruppen und Teams. Diese Leidenschaft hat sie zunächst als angestellte Bildungsreferentin und seit 20 Jahren als selbstständige Lernbegleiterin und Beraterin in Organisationen unterschiedlicher Fel-der umgesetzt. Praxisbegleitend hat sie ihr theoretisches wie methodi-sches Fundament durch Fortbildungen und Studien wachsen lassen und ist seit etlichen Jahren selbst in der Entwicklung von Führungskräften und Beratern tätig. Ihre eigenen und die von ihr begleiteten Trans-formationsprozesse sind Antreiber für dieses Buch. Ihre Liebe zur

Reflexion findet in diesem Buch ihren Niederschlag in mannigfaltigen Reflexionsfragen.

Ihr grundsätzlich systemtheoretisches Denken ist eingebettet in ihren Purpose, der die Entwicklung zu mehr innerer Freiheit und gemeinsamer Gestaltungskraft zum Inhalt hat. Zur Hypothesenbildung reichert sie die systemtheoretische Sicht mit analytischen, gesellschaftskritischen und neurowissenschaftlichen Ansätzen an. Sie bezeichnet sich selbst als „enriched Systemikerin".

Sie ist Grenzgängerin zwischen Theorie und Praxis. Sie geht den Dingen durch Recherche auf den Grund – so weit, dass genügend Raum bleibt für die sinnvolle Verknüpfung unterschiedlicher Erkenntnisse. Sie bringt Erfahrungen und Erkenntnisse zu einem neuen Ganzen zusammen – mit Kopf, Herz und Hand.

1

Einführung

Wenn Sie dieses Buch in den Händen halten, dann tragen Sie wahrscheinlich eine wo auch immer platzierte Verantwortung in der Begleitung von Veränderungsprozessen: Entweder als Entwicklerin von Organisationen, Teams oder Einzelnen oder aber als Führungskraft, die innerhalb einer Organisation Veränderungsprozesse voranbringen möchte. Eingebettet ist dieses Buch, welches gleichsam ein Konzept darstellt, in unsere Welt, in der sich die Veränderungsbeschleunigung massiv erhöht hat. Lernen im Sinne von Kompetenz- oder Wissensmaximierung kommt immer schneller ans Ende der Wirksamkeit. Es gilt statt eines „Mehr vom selben", die eigenen inneren Strukturen und Haltungen der Komplexität der Umwelt anzupassen und somit zu verändern. Die Botschaft des Buches heißt „Mut zu Inner Work" und weist direkt darauf hin, dass tiefgreifende Veränderung einer Hinwendung zu inneren, unbeachteten Aspekten und erweiterten Perspektiven bedarf. Es will dazu ermutigen, diese Schritte zu gehen, weil sie mit einem reiferen Miteinander, einer höheren Zufriedenheit und kreativeren Ergebnissen einhergehen. Die Leitfrage, die dieses Buch verfolgt, lautet: Welchen Rahmen, welche Art der Begleitung und welche Interventionen braucht Transformation, damit sie gelingen kann? Es geht genau um die Schaltstel-

A. Hötger, *Mut zu Inner Work – die Hindernisse zur Transformation überschreiten*, https://doi.org/10.1007/978-3-662-68194-7_1

len der Überwindung von Barrieren, die eingebunden sein können in Organisationsberatungsprozesse, Teamentwicklungen, Coachings oder schlicht den Organisationsalltag.

Der Begriff Inner Work – populär geworden durch das Buch „New Work needs Inner Work" (Breidenbach und Rollow 2019) – hat mich sofort in meiner Identität als Supervisorin angesprochen. Geht es doch bei Supervision weitestgehend um Inner Work: Darum, eigene Anteile zu reflektieren, den Blick dahin zu lenken, wo der Kunde nicht hinschaut, Perspektiven zu erweitern und unter die Wasseroberfläche des Eisbergs nach Gefühlen, Wahrnehmung und Intentionen zu schauen. Im Kontext von Transformationsarbeit ist Inner Work im oben genannten Sinne meiner Erfahrung nach unabdingbar, um die Barrieren zu überwinden, die uns für gewöhnlich im alten Muster behalten. Das gilt für den einzelnen Menschen wie auch für Teams oder ganze Organisationen.

Um nicht nur mutig, sondern auch gezielt handeln zu können, bedarf es eines Fundaments. Dieses Buch verbindet meine im Laufe der Jahre angesammelten unterschiedlichen Theorien und Modelle, die dienlich sind, um die vor der Veränderung liegenden Schwellen zu sehen und zu verstehen sowie gleichzeitig einen Hebel zur Überschreitung derselben zu erahnen. Die systemtheoretische Sichtweise auf soziale Systeme ist meines Erachtens dafür grundlegend. Sie erhellt den Kontextbezug und ermöglicht eine Sichtweise auf Prozesse, die im Alltagsdenken nicht beinhaltet ist. Darüber hinaus lenke ich hier auch den Blick auf unbewusste (Macht)- Mechanismen mit (Ethno-) psychoanalytischen oder auch praxeologischen Theorien. Teamdynamiken reflektiere ich gruppen- und beziehungsdynamisch. Bei aller soziologischer Sicht auf Systeme sind die einzelnen konkreten Menschen mit ihren Emotionen nicht zu vernachlässigen, worauf ich nicht zuletzt neurowissenschaftlich schaue. Insgesamt formuliere ich meine beraterische Identität als „Enriched Systemikerin". Das führt zu einer diversen Nutzung von Begrifflichkeiten, die jeweils davon abhängt, in welcher Gedankenwelt ich mich gerade befinde. Die dazugehörige Didaktik der Interventionen ist neben Fragen, Feedback und Reflexionen gespeist durch (hypno-) systemische Herangehensweisen, die Embodiment und Aufstellungsarbeit beinhalten.

Mein Purpose und Herzensanliegen ist ebenfalls wichtiger Referenzrahmen meiner Arbeit. Die Zielperspektive des Buches ist die einer größeren Freiheit und Bewusstheit im Umgang mit sich selbst, meinen Kolleginnen und Mitarbeitern und den Herausforderungen der Organisation. Ich wünsche uns allen einen differenzierteren und weiteren Blick auf die Dinge, ein Zulassen bislang fremder und vielleicht auch ungeliebter Aspekte von sich, Anderen und der Organisation und damit einen immer kreativeren Umgang mit Unsicherheiten und Grenzen. Das ist der Hintergrund meiner Ermutigung zu Inner Work.

Um in tiefgreifenden Veränderungsprozessen Bereicherndes anbieten zu können, sollten Begleiter den Ratsuchenden in der Reichweite der Perspektiven immer einen Schritt voraus sein. Sie brauchen immer wieder einen Resonanzpunkt von außen, von dem aus sichtbar wird, was bislang nicht im Blick war. Dieses Buch lädt ganz nebenbei auch mit vielen Fragen zur Reflexion eigener innerer Hindernisse ein.

Ferner bekommen Sie zahlreiche Anregungen zum Weiterschmökern. Da dieses Buch ein ganzes Konzept aufmacht, gibt es sicher einzelne Passagen, in die Sie tiefer einsteigen mögen. Ich habe sehr darauf geachtet, das geistige Eigentum anderer als solches zu bezeichnen und bitte um Nachsicht, falls die Gedanken anderer an der ein oder anderen Stelle bereits so zu meinen geworden sind, dass ich die Herkunft nicht mehr benannt habe. Die korrekten Hinweise führen den interessierten Leser bei Bedarf zu den Originalquellen für die Vertiefung einzelner Aspekte.

Und wie halte ich es mit der Ansprache? Ich nehme gern noch das „Sie" – mir persönlich hilft es im Kundenkontakt gerade bei nahen Themen die Außenperspektive zu halten und beim Schreiben des Buches die Vorstellung, dass es Fremde lesen. Vor Augen habe ich beim Schreiben Menschen, die mir als Männer oder Frauen entgegentreten und so kommt es manchmal zu einer weiblichen, manchmal zu einer männlichen Endung. Gleichzeitig spreche ich am liebsten von „wir", weil ich davon ausgehe, dass wir eines gemeinsam haben: Wir möchten uns selbst gut aufstellen, um Transformationen in der Arbeitswelt zu begleiten.

Gliederung – im Dreieck „aufgestellt"
Als Gliederung nutze ich ein einfaches Dreieck mit besonderem
Namen: das Glaubenspolaritätenschema – Sie sehen es in Abb. 1.1 –
nach Matthias Varga von Kibéd, welches ich im Folgenden mit GPA
(das A in GPA kommt von Aufstellung) abkürzen werde. Das Wort
Glaubenspolaritätenschema hat in diesem Zusammenhang nichts
mit Religion zu tun. Glauben meint hier vielmehr eine feste Überzeugung, ein Leitsatz, eine Norm etwas in einer bestimmten Art und
Weise zu betrachten. Das GPA arbeitet mit den Elementen Wissen,
Vertrauen und Handlung. Als entscheidendes i-Tüpfelchen kommt
noch die transformierende Weisheit dazu. Das Ganze ergibt für mich
ein handhabbares, richtungsweisendes und gleichzeitig offenes und
stetig wachsendes Konzept, mit dem Transformationen begleitet werden können.

Schon früh hat mich der Dreiklang des GPAs angesprochen. Ken-
nenlernen durfte ich die Hintergründe und Feinheiten desselben bei
Matthias Varga von Kibéd in einer seiner Fortbildungen. Das GPA
stammt ursprünglich aus der Yoga-Philosophie nach Patanjali, einem in-
dischen Gelehrten und Verfasser des klassischen Yogaleitfadens und enthält den Aspekt von Liebe, Mitgefühl, Vertrauen, als nächstes den von

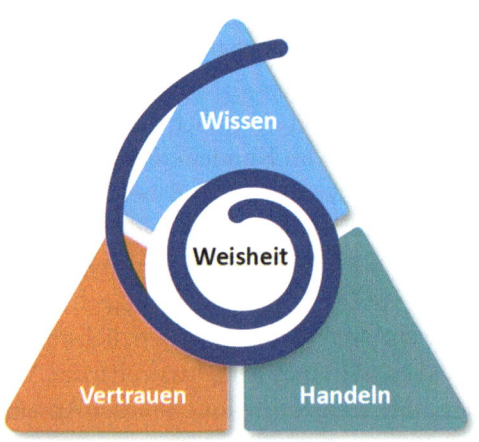

Abb. 1.1   Das GPA – Schema. (In Anlehnung an Ferrari E 2021; mit freundlicher
Genehmigung von © Ferrarimedia 2023. All Rights Reserved)

Erkenntnis, Wissen, Einsicht und als drittes den der Ordnung, Verantwortung und des Handelns. Alle drei Aspekte lassen sich je nach Kontext durch ein noch größeres Wortfeld anpassen. Die Religionsphilosophie verwendete dieses Einteilungssystem zur Kategorisierung der Didaktiken unterschiedlicher Religionsformen. In jeder intakten Religion müssen alle drei Pole berücksichtigt werden.

Matthias Varga von Kibéd übersetzte es in eine seiner „Grammatiken" der Aufstellungsarbeit. Die Grammatiken dienen als Reflexionsfolie und fördern das mehrdimensionale Denken eines Anliegens durch die Positionierung von Elementen eines Themas in einem Raum – gleich ob Sie faktisch Menschen oder Gegenstände im Raum aufstellen oder nicht. Matthias Varga von Kibéd schreibt: „Es ist gar nicht so leicht, NICHT aufzustellen" (Kibéd und Sparrer 2009, S. 143). Ich schätze das GPA – Schema deshalb, weil es gleichzeitig komplex und flexibel genug ist, um die Komplexität herausfordernder Situationen hilfreich in den Blick zu nehmen UND wunderbar handhabbar auf das Wesentliche reduziert.

In der Gliederung beginne ich mit dem **Wissen** über Transformation (Kap. 2). Hier werden grundlegende Begriffe definiert und theoretische Hintergründe geliefert, die für den verantwortungsvollen Begleiter von Transformationsprozessen hilfreiche Reflexionsfolien darstellen. So werden mögliche Schranken auf dem Weg zur Veränderung auf den Ebenen des Individuums, eines Teams oder auch eines größeren Kollektivs wie einer Organisation beschrieben, die zur Hypothesenbildung und damit zur Auswahl möglicher Interventionen führen.

Im Mittelpunkt des nächsten Kapitels steht das **Vertrauen** als Sicherungsanker (Kap. 3), um sich dem Ungewissen, Unbequemen und vielleicht auch Beängstigenden der tiefgreifenden Veränderung stellen zu können. Absolut zentral ist hier die Beziehungsebene zwischen Begleiterin und denen, die sich einlassen.

Im dritten Kapitel schließlich geht es um das **Handeln,** also die Praxis der Begleitung (Kap. 4). Welchen Rahmen und welche Interventionen setze ich? Dabei werden Querverbindungen zu den Hypothesen aus dem Wissenskapitel gezogen.

Doch besteht das Glaubenspolaritätenschema nicht allein aus dieser Triade. Im Mittelpunkt steht die **Weisheit** (Kap. 5), die zum einen die ruhende Balance der drei Punkte zum Ausdruck bringen soll. Darüber hinaus gibt es den Mittelpunkt auch als dynamisches freies Element. Hier geht es um eine Veränderung höherer Ordnung. In diesem Kapitel geht es um ein paar anregende Aspekte, die sich allesamt der Unverfügbarkeit und damit der Überraschensseite von Transformation widmen.

Diese Gedanken weben schlussendlich ein Gesamtkonzept von Beratung, aus welchem sich Coachings, Workshops und Fortbildungen ableiten lassen.

In diesem Buch fokussiere ich auf die Innenseite der Veränderung, die eher weichen Seiten im Prozess: die **Haltung von Einzelnen** und die **Kulturen von Teams;** berühre dabei jedoch selbstverständlich immer auch die Außenseite des Verhaltens von Individuen und der Strukturen des sozialen Systems, die unbedingt zur Veränderung dazu gehören. Es bedarf der unterschiedlichen Zugänge des Dreiecks, damit Transformation gelingen kann.

Durchschreiten Sie mit mir das Glaubenspolaritätendreieck, um von da aus Transformation zu ermöglichen! Viel Freude dabei!

Literatur

Breidenbach J, Rollow B (2019) New work needs inner work. Vahlen, München

Ferrari E (2021) Führung im Raum der Werte. Das GPA-Schema nach Syst. Ferrari Media, Aachen

Varga von Kibéd, Sparrer I (2009) Ganz im Gegenteil. Tetralemmaarbeit und andere Grundformen Systemischer Strukturaufstellungen – für Querdenker und solche, die es werden wollen. Carl-Auer, Heidelberg

2

Wissen – Klären und Hypothesen bilden

Begleiter von Veränderungsprozessen brauchen ein Beratungskonzept, anhand dessen sie immer wieder in die Selbstdistanz kommen, um nicht vom zu beratenden System paralysiert zu werden. Gerade wenn wir sehr vertraut mit der Kundschaft sind, könnte das dazu führen, in die Reproduktion der Denkschemata des Kunden mit einzusteigen und die Möglichkeitsräume damit beim Alten zu belassen, denn die Art der herkömmlichen Problemlösung des ratsuchenden Systems ist beharrlich, hatte sie doch einen Sinn und brachte einen Gewinn. Da hilft ein basales Theoriefundament, auf welches die Begleitung solcher Prozesse zurückgreifen kann. Es dient mit einem frischen Blick auf die Einzelnen, das Team, die Organisation und das gesamte Beratungssystem der Hypothesenbildung, auf dessen Grundlage wir im Weiteren intervenieren.

Nachdem wir von verschiedenen Seiten beleuchten, was Transformation ist, finden Sie einige grundlegende Ansätze, die erklären können, warum Menschen, Teams und Organisationen in ihren Veränderungsprozessen auf der Stelle treten.

A. Hötger, *Mut zu Inner Work – die Hindernisse zur Transformation überschreiten*, https://doi.org/10.1007/978-3-662-68194-7_2

2.1   Was ist Transformation? Eine Annäherung

Transformation ist ein Modewort in Gesellschaft, Organisationen und spirituellen Szenen geworden. Eine Ahnung haben wir inzwischen alle davon: Es handelt sich bei einer Transformation im menschlichen und sozialen Bereich um den Prozess einer tiefgreifenden Veränderung. Aufgrund der radikalen Neuerung können wir davon ausgehen, dass es sich bei einem Transformationsprozess nicht um einen einzigen mystischen Zaubermoment, sondern um mehrere kleine und doch bedeutsame Schritte handelt. Ich gehe davon aus, dass eine beschreibbare Transformation aus mehreren „Mikro-Transformationen" wie ich sie nennen möchte, besteht. Insofern könnte ich an vielen Stellen von Transformationen sprechen – da ich jeweils jedoch meistens den spür- und sichtbaren Unterschied in den Blick nehme, spreche ich in der Regel im Singular von diesem Phänomen.

Es stellt sich die Frage, welche besondere Qualität Transformationen in Abgrenzung zu anderen Veränderungen haben. Was unterscheidet das alltägliche Hinzulernen – und die damit verbundene Veränderung – von einer Entwicklung im Sinne von Transformation?

Transformation kommt von lat. transformare = umformen, d. h. es bildet sich etwas aus dem Alten heraus. Schauen wir auf physikalische Transformationen, so liegt die Parallele zur Transformation von psychischen oder sozialen Systemen darin, dass das Transformierte aus dem ursprünglichen Material ist und doch eine andere Beschaffenheit, eine andere Eigenschaft und Form hat. Es ist nachher für etwas anderes nutzbar.

Transformation im beraterischen Kontext ist folglich ein tiefgreifender Veränderungsprozess, bei dem eine neue, erweiterte Vorannahme im Hinblick auf das Leben und Erleben andere Denkweisen und neue Verhaltensmöglichkeiten eröffnet. Vollzogen ist eine Transformation erst, wenn diese Grundhaltung auch zu neuem Verhalten und neuen Strukturen führt – individuell wie in sozialen Kontexten. Transformation hat folglich praktische Auswirkungen. Gleichzeitig gilt es jedoch dabei, den Gesamtzusammenhang zu betrachten. Manchmal erscheint ein „Mehr vom Selben" als Innovation. Wenn z. B. eine konservativ-bodenständige Organisation, in der es vorrangig um das handfeste Funktionieren geht, plötzlich Meditationsangebote in den Pausen anbietet, so kann das ein Ergebnis einer Transformation sein und eine neue Grundhaltung und ein neues Arbeitsverständnis beinhalten. Es kann jedoch auch ein weiteres Tool zur Leistungssteigerung und Effizienz sein – ohne Veränderung einer Haltung. Gleichzeitig könnte die veränderte Praxis im letzteren Falle jedoch dazu führen, dass sich durch das neue Handeln eine neue Grundannahme über Arbeit entwickelt. Die Reihenfolge des Zugangs zur Transformation kann unterschiedlich sein. Wenn wir z. B. von heute auf morgen in einen neuen Kontext geworfen sind, zäumen wir das Pferd von der praktischen Seite her auf und wir beginnen neues Verhalten zu erlernen, weil die Situation es erfordert. Soziale Kontexte verändern Handlungen. Durch veränderte Praxis entwickelt sich auch ein neues Bild von der Wirklichkeit, also neue Denkhaltungen, ein neues Mindset. Dies gelingt jedoch nur, solange der Kontext uns nicht überfordert. Wirklich frei im Handeln und damit reifer werden wir nur, wenn auch die Bewusstwerdung über die neuen Möglichkeiten geschieht, was durch innere Arbeit, Inner Work, gelingen kann. Nur dann sind wir frei vom Autopiloten des lang Gelernten und Gewohnten und gewinnen wirklich an Reife im Sinne eines sinnvollen Zuwachses von Handlungsmöglichkeiten.

Ferner ist vollzogene Transformation unumkehrbar. Das, was sich einmal umgeformt hat, kann zwar zwischenzeitlich regredieren, sich jedoch nicht wieder zurückbilden. Es geschieht ein Paradigmenwechsel, eine neue Denkweise stellt sich ein. Transformation bedarf also das Überschreiten alter Schwellen und ist folglich mit der Irritation alter Gewissheiten, dem Mut, auf Neues zuzugehen und einer neuen Alltagspraxis verbunden.

Transformation des psychischen Systems
Täglich bewältigen wir das, was uns begegnet mit den uns zur Verfügung stehenden kognitiven Strukturen. Wir nehmen veränderte Gegebenheiten wahr und passen uns durch Dazulernen an. Wir knüpfen an unsere alte Logik an und füllen sie mit neuen Informationen. Im alten Muster versuchen wir das zu verbessern, was wir bereits jetzt schon tun. Da wir die „alte Brille" aufhaben, sehen wir das, was wir sehen, und wir sehen das nicht, was wir nicht sehen. Wir reproduzieren unsere eigenen

Gedanken und damit unser Empfinden und unser Verhalten – unter Hinzunahme neuer Informationen.

Um dies zu verdeutlichen, stelle ich Ihnen eine führende Verwaltungsbeamte vor, die unglücklich in ihrem Job und auf der Suche nach mehr Zufriedenheit ist. Also versucht sie, sich zu verbessern, indem sie an den Schrauben dreht, die sie kennt, die zu ihrem alten Denkgebäude gehören. Sie überlegt sich andere Konzepte, probiert aus – doch nichts hilft: Der Job macht ihr dennoch keinen größeren Spaß, die Grundstimmung von Unzufriedenheit bleibt nicht nur, sondern verstärkt sich ständig. Ihre Grundhaltungen könnten sein:

- Ich muss mich nur mehr anstrengen, dann funktioniert das schon.
- Der Job muss sinnerfüllend sein.
- Ich habe nur dieses Eine gelernt – ich kann nichts anderes.
- Einen Beamtenjob gibt man nicht auf.
- Es liegt an mir, wenn es nicht funktioniert.
- Wenn ich hier wegginge, wäre ich gescheitert.

Damit sitzt diese Frau in ihrem eigenen gedanklichen Gefängnis. Diese Annahmen bedeuten eine große Einschränkung von Möglichkeiten, geben aber auch Sicherheit. Sie hat bis hierher bereits alles getan, um an den innerhalb dieses Glaubenssystems bestehenden Möglichkeiten zu arbeiten, damit es besser wird. Sie strengt sich immer mehr an und entwickelt starke körperliche Symptome.

Transformation ist mehr als ein einfacher Iterationsprozess im Sinne einer immerwährenden kontinuierlichen Verbesserung innerhalb eines gesetzten Rahmens. Letzteres ist das alltägliche Lernen im Sinne von Feinschliff dessen, was schon da ist. Es ist Assimilation, also Anpassung durch Einbeziehung des Neuen in die alte Denkstruktur. Bei Transformation geht es um grundlegende Überwindung alter Haltungen. Hier könnte man wie Jean Piaget in seiner Theorie der kognitiven Entwicklung von Akkommodation reden, von der Anpassung der mentalen Strukturen an die Erfordernisse. Die alten Haltungen oder Glaubenssätze engen den Möglichkeitsraum entscheidend ein und die Sackgasse, in der wir stecken, ruft nach Veränderung, Erweiterung des Denkrahmens: „Es könnte immer auch anders sein." Transformative Alternativen der alten Setzungen sehen Sie in Kursivschrift.

- Ich muss mich nur mehr anstrengen, dann funktioniert das schon.
  - *Wenn ich lockerer bin, entspannter, macht die Arbeit mehr Spaß. Ich komme besser in Kontakt mit meinen Mitarbeiterinnen. Ich kann gelassen sein und Fehler machen.*
- Der Job muss sinnerfüllend sein.
  - *Der Job ist mein Job. Ich verdiene hier gutes Geld und habe beste Bedingungen im Hinblick auf Sicherheit und Urlaub. Der Preis, den ich dafür bezahle, ist eben der, dass ich nicht immer gemocht werde. Wenn es mal schwierig werden sollte: Sinn finde ich auch im Privatleben. Wenn ich anders drauf schaue, sehe ich den Sinn darin, dass ich es tue, wie ich es tue.*
- Ich habe nur das Eine gelernt – ich kann nichts anderes.
  - *Ich kann auch innerhalb des Systems weiter machen und durchaus noch die nächste Hierarchieebene erreichen, um dann mehr Gestaltungsfreiheit zu haben. Oder:*
  - *Ich kann auf meine sehr breit gefächerten Kompetenzen noch etwas aufsetzen – oder etwas ganz Neues lernen.*
- Einen Beamtenjob gibt man nicht auf.
  - *Ich kann es auch anders machen. Sicherheit gibt es nicht im Außen – letztlich nur im Innen. Für diese vermeintliche Sicherheit zahle ich auch einen Preis. Es gibt in jedem Falle auch einen Weg außerhalb des Beamtentums. Oh, es kommen schon Ideen!*
- Es liegt an mir, wenn es nicht funktioniert.
  - *Es könnte auch sein, dass dies hier nicht mein Platz ist. Weder ich noch die anderen sind schuld. Ich bewerbe mich in einer anderen Stadt in ähnlicher Position.*
- Wenn ich hier wegginge, wäre ich gescheitert.
  - *Nur wer sich bewegt ist lebendig. Sich bewegen heißt Erfahrungen machen. Ich möchte Neues ausprobieren.*

Wahrscheinlich spüren Sie als Leser bei den kursiv gedruckten Sätzen bereits einen Widerstand. Würde ich der Ratsuchenden diese Sätze direkt anbieten, würde mit aller Wahrscheinlichkeit die Antwort jeweils mit einem wie auch immer ausgedrückten „aber" beginnen. Und das hat seine Berechtigung, denn es gibt einen guten Grund für das Beibehalten der alten Sätze, die wie Wahrheiten daherkommen. Sie sind entstanden, weil sie sinnvoll waren. Das bisherige Handeln ist ein zu würdigender Lösungsversuch und es gibt einen Gewinn dieses Handelns – allerdings mit zunehmenden Nebenwirkungen. Das neue Denken und erst recht das damit verbundene Handeln kostet einen zu zahlenden Preis. So gibt es zum Beispiel, psychoanalytisch gesprochen, eine Abwehr gegen die neuen Möglichkeiten, die offenbar etwas infrage stellen, was Teil der Identität ist: einen Wert, eine Loyalität zu elterlichen Grundwerten, ein Selbstbild oder Weltbild bis hin zu Grundbedürfnissen nach Zugehörigkeit und Orientierung und Kontrolle. Diese Abwehr ist ein Schutz aus bislang gutem Grund. Auf psychologischer Ebene heißt Transformation folglich, dass alte Selbst- oder Weltbilder losgelassen werden. Das Individuum definiert sich nicht mehr über die herkömmliche Ansicht oder Norm und hängt nicht mehr an der bislang vermeintlich felsenfesten Vorannahme.

Transformation des sozialen Systems
Gleiches ist auch in Teams zu finden. Ein Team als soziales System ist gekoppelt an all die psychischen Systeme darin (vgl. Abb. 2.1). Jedes Verhalten in einem sozialen System steht im Zusammenhang mit der Psyche Einzelner. Menschen, die in Organisationen arbeiten, sind mehr als ihre Rolle. Der Mensch als Ganzes wirkt auch in die Organisationen hinein. Grenzen des Einzelnen wirken sich oft auf die Organisation ebenfalls begrenzend aus – je einflussreicher jemand ist, umso mehr.

Andersherum wirkt sich jedes Verhalten aus dem sozialen System auf das psychische System aus.

Ferner befinden soziale Systeme sich in einem Kontext – also Teams in einer Organisation und Organisationen in der Gesellschaft – welcher ein bestimmtes Verhalten erwartet. Genau dieses Verhalten wird üblicherweise von den Einzelnen gezeigt. Da sich die Teammitglieder auch gegenseitig Umwelt sind, entwickeln sie aufgrund von Erwartungen und Erwartungserwartungen – also das, was sie erwarten, was die anderen von ihnen erwarten – eine eigene Kultur mit entsprechenden Denkhaltungen und entsprechenden Kommunikationsformen, die sich

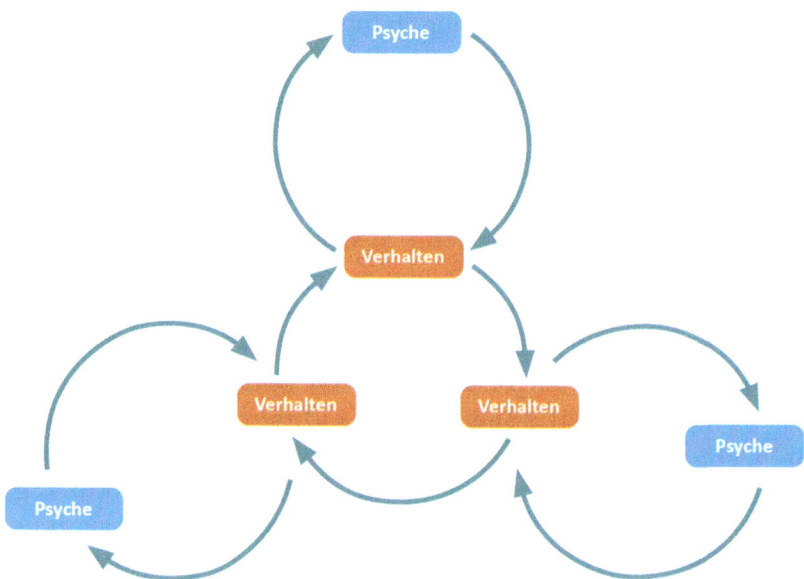

Abb. 2.1 Die Kopplung von psychischem und sozialem System. (Quelle: In Anlehnung an swf o. J., Seminarunterlagen)

jeweils gegenseitig bestärken. Durch die eigene im System eingenommene Rolle zeigt die einzelne Person dann die kulturentsprechenden Anteile, obgleich sie selbstverständlich noch andere Anteile hat. Die Einzelne verkürzt sich um der Kultur des Teams willen. Ich denke da zum Beispiel an ein Team, welches daran festhält, dass die Teamleitung die Verantwortung für alles hat. Es steckt in einer fast kindlichen Opferkultur fest. Diese scheint nicht änderbar, denn es gibt sowohl Narrative als auch unausgesprochene Normen in der Art, wie ich sie hier pointiert darstelle:

- Leitung hat uns zu versorgen.
- Wir dürfen uns nicht bemächtigen, das steht uns nicht zu.
- Es gehört zur Solidarität als Teammitglieder untereinander zu jammern. Wer damit aufhört, ist ein Verräter.
- Wir haben hier nichts zu sagen. Es nimmt uns niemand für voll.

- Wir haben sowieso schon genug zu tun. Wenn wir uns auch noch für anderes engagieren, schaffen wir es nicht.
- Wir werden nicht dafür bezahlt, dass wir mehr machen als das, was wir schon tun.

Welches Verhalten zeigt ein Team in dieser Grundhaltung? Es beklagt sich bei der Leitung. Es beschwert sich vielleicht ferner bei der Leitung der Leitung. Das Team trifft sich informell nach Sitzungen, um gemeinsam über den schlecht versorgenden Chef zu klagen. Sie beantragen Supervision, um sich im professionellen Rahmen beschweren bzw. erleichtern zu können und um Bestätigung dafür bekommen, dass sich der Chef schlecht kümmert. (Anmerkung: Es ist in einer solchen Situation davon auszugehen, dass der Chef tatsächlich nicht wirksam geführt hat. Er hat verpasst, aktiv einen stimmigen Change in Richtung Selbstorganisation zu initiieren und zu begleiten). Sie engagieren sich weniger und machen nur noch ihren Job – oder überengagieren sich im Kleinen, bis sie krank werden. Dies alles sind jedoch Handlungen, die aus der offenbar kultivierten ohnmächtigen Grundhaltung wie oben beschrieben gespeist sind. Diese Kulturnormen sind alle nachvollziehbar, sind aus einem gewinnbringenden und sinnvollen Grund entstanden, dennoch könnte es auch anders sein. Auch hier finden wir die transformativen Kulturannahmen in Kursivschrift.

- Leitung hat uns zu versorgen.
  - *Wir haben einen Handlungsspielraum, den wir noch längst nicht ausgeschöpft haben. Wir sind selbst potent und können uns um uns kümmern. Wir dürfen etwas Neues ausprobieren.*
- Wir dürfen uns nicht bemächtigen, das steht uns nicht zu.
  - *Gemeinsam sind wir mächtig im Sinn von wirksam. Wenn wir eine Grenze überschreiten oder etwas „Regelbrüchiges" ausprobieren, wird man uns das schon sagen. Dann reden wir darüber. Wir sind wichtig für das System, darum wird man uns dann anhören.*
- Es gehört zur Solidarität als Teammitglieder untereinander zu jammern. Wer damit aufhört, ist ein Verräter.
  - *Nähe und Solidarität können wir über unseren Erfolg erleben. Ich zeige meinen Kollegen Nähe durch Wertschätzung.*

- Wir haben hier nichts zu sagen. Es nimmt uns niemand für voll.
  - *Wir haben die Möglichkeit, uns anders zu präsentieren, für voll genommen zu werden auch auf höherer Ebene, denn wir sind viele.*
- Wir haben sowieso schon genug zu tun. Wenn wir uns auch noch für anderes engagieren, schaffen wir es nicht.
  - *Es kommen neue Energien durch neues Erleben. Es gibt uns Kraft, wenn wir nicht mehr Jammern, sondern Mitgestalten.*
- Wir werden nicht dafür bezahlt, dass wir mehr machen, als dass, was wir schon tun.
  - *Wir sind kreativ und finden neue Wege. Wir tun die Dinge auf andere Art und Weise – und addieren nicht das Neue zum Alten.*

Zuallererst gilt hier die Regel von Laloux: „Die Bewusstseinsebene der Organisation kann nicht über die Bewusstseinsebene des Leiters der Organisation hinausgehen." (Laloux 2015, S. 238). Das heißt auf das Team übertragen, dass solche Prozesse von der Leitung gewollt und in irgendeiner Weise gesteuert werden müssen. Doch die Steuerung ist kein einfacher linearer Prozess. Auch hier gilt: Ratschläge sind Schläge. Weder Leitung noch wir als Beraterin mit unserem Außenblick sind hilfreich mit einem „Denkt doch mal so!" Der Weg zur Transformation braucht eine entsprechende Ausgangsspannung und Motivation, das Zulassen, dass es auch anders sein könnte, die kreative Entwicklung des Neuen von einer wünschenswerten Zukunft her, die Entscheidung, das Neue zu tun und letztlich die Implementierung des Neuen – was auch das Alte in neuem Licht erscheinen lässt. Ein soziales System hat dann eine Transformation vollzogen, wenn es gemeinsam möglich ist, neu zu denken und miteinander zu handeln.

2.1.1 Spannungen als Ausgangspunkt

Physikalisch gesehen ist Spannung – vereinfacht gesagt – ein Druck zwischen zwei Punkten, der dazu führt, dass Energie fließt. Eine Spannung entsteht auf natürliche Art und Weise z. B. durch Reibung. Als Formelzeichen für Spannung steht das „U", was von lateinisch urgere: drängen, drücken abgeleitet ist. So wird eine Energiequelle durch die Spannung in die Lage versetzt, elektrische Arbeit zu verrichten. Es muss also Kraft da sein, um etwas zu „drücken" nämlich gegen den Widerstand, den jedes leitfähige Bauelement in unterschiedlichem Maße hat.

Übertragen wir den Begriff auf psychische und soziale Systeme, so sind Spannungen eine Differenz zwischen System und Umwelt.

> „Nur die Differenz von System und Umwelt ermöglicht Evolution. Anders gesagt: Kein System kann aus sich heraus evoluieren. Wenn nicht die Umwelt stets anders variierte als das System, würde die Evolution in einem ‚optimal fit' ein rasches Ende finden.' (Luhmann 1997, S. 433).

Die Wahrnehmung der Spannung geschieht durch Menschen. Das heißt, der Ansatzpunkt für die Wahrnehmung wie auch für die Lösung von Spannungen geht nie am psychischen System vorbei, welches es dann im Sinne der strukturellen Kopplung in das soziale System einspielt. Oft spürt die Einzelne die Spannungen struktureller Probleme bis hin zu gesellschaftlichen Missständen in sich selbst. In der Beratung haben wir dann unglückliche oder hadernde Menschen vor uns sitzen, die vergeblich versuchen, das Problem individuell zu lösen, welches im sozialen System liegt. Der Einflussbereich eines Einzelnen ist jedoch dazu in der Regel viel zu gering. Wenn gesellschaftliche oder organisationale Missstände verändert werden sollen, ist auch dort der wirksamste Ort der Auflösung. Die Arbeit an den Strukturen und der Kultur kann durch viele Einzelne, die miteinander in Verbindung sind, geschehen. Es braucht dann eine Lösung im sozialen System, die schlussendlich im optimalen Fall auch die Spannung im Einzelnen auflöst. Einer bleibenden inneren Spannung bei ungelösten strukturellen Problemen kann lediglich in der Veränderung einer Haltung zu den Dingen begegnet werden – oder dem Verlassen des Systems

Faktoren zur Überschreitung der Widerstände – die Formel der Veränderungsmotivation

Spannung finden wir auch in der Formel der Veränderungsmotivation wieder, die durch Dannemiller Tyson Assozciates (2012, S. 214) bekannt wurde. Sie besteht aus den Elementen

- D – dem „Driver" (Treiber der Veränderung),
- V – einer „Vision" für die Zukunft und
- F – den „First Steps", den ersten Schritten in Richtung Vision, die größer sind als
- R – wie „Resistance".

Sie lautet:

DxVxF> R

Ob die für die Veränderung erforderliche Energie im System entsteht, hängt ab von dem Produkt des Treibers, oft die Unzufriedenheit mit der gegebenen Situation (**D = Driver**), dem Bild einer attraktiven und erstrebenswerten Vision, einer Zukunftsperspektive also, die herausfordert und anreizt (**V = Vision**), gleichzeitig auch vermittelbar und plausibel ist und von der Vorstellung, dass dies auch zu schaffen ist, indem man die ersten Schritte klar vor Augen hat (**F = First Steps**), also einen verstehbaren, praktikablen Weg). Dazu dient eine Fokussierung auf die Ressourcen und eine Beweglichkeit und Experimentierfreude, die durch positive Erfahrungen gestärkt wird.

Das Produkt dieser drei Faktoren muss – so Dannemiller & Tyson – größer sein als die angenommenen Kosten der Veränderung (**R = Resistance**), also die Summe der Ängste, Unlusterwartungen und aller sonstiger wirksamer Widerstände und Beharrungsmechanismen.

Auf der Grundlage dieser Formel wird deutlich, dass es sowohl etwas Ziehendes als auch etwas Treibendes geben muss, damit ich die Kosten der Veränderung auf mich nehmen werde, die es in jedem Falle gibt. Sicher ist es hilfreich, ein großes Augenmerk auf die Ressourcen zu legen, wie Ruth Seliger das tut (vgl. Seliger 2022, S. 55), doch ist meines Erachtens der Blick auf die Hindernisse gerade der Weg zur Transformation, weshalb ich das R in meinem Konzept bewusst behalte, denn wirkliche Transformation wird nicht ohne das wie auch immer geartete Überwinden von Barrieren geschehen.

Das rechte Maß an Dopamin – die neurowissenschaftliche Erklärung

Franz Hütter, Berater und interdisziplinärer Forscher an der Schnittstelle zwischen Sprache, Denken und subjektivem Erleben (vgl. Hütter 2018, S. 53 f.) erklärt, dass es ohne eine gewisse Intensität und ohne Emotionen keine neuen neuronalen Verknüpfungen und damit auch kein Lernen und keine Transformation geben kann. Neben einem ausreichend großen Zeitraum, also einer Zeitspanne für das neuronale Wachstum, und ebenso eine ausreichende Alltagsdurchdringung, also ein regelmäßiges Training des neuen Verhaltens, braucht es unbedingt auch die ausreichende **emotionale Intensität.** Es gibt keine sachlichnüchterne Veränderung. Ohne die entsprechende Ausschüttung von Neurotransmittern wie Dopamin, die nur durch emotionale Aktivierung ausgeschüttet werden, kommt es zu keinen neuen Bahnungen im Gehirn. Diese Ausschüttung geschieht im Gehirn als Belohnung vor allem dann, wenn wir ein Problem, eine Spannung, eine Inkohärenz zwischen Ist und Soll erleben, zu dem wir eine Lösung, eine Kohärenz gefunden haben.

Spannung entsteht in der Regel durch Veränderung an einer bestimmten Stelle, die zu einer Nicht-Passung – häufig zwischen psychischem und sozialem System – führt. Dies ist zum Beispiel der Fall, wenn sich ein Team in eine bestimmte Richtung entwickelt hat, eine einzelne Person jedoch nicht mitkommt. Oder aber es gibt eine Nicht-Passung zwischen den Anforderungen des Kontextes und dem sozialen System. Dies haben wir zu genüge zu Beginn der Pandemie erlebt. Die Nicht-Passung führt dann zu einer energetischen Spannung.

Spannung sollte jedoch nicht zur Hochspannung oder Überspannung werden – dann arbeitet nur noch unser Reptiliengehirn und alte Verhaltensweisen sind vorprogrammiert (vgl. Abschn. 3.1.3). Den Grad der Spannung so zu beeinflussen, dass sie hilfreich für die Transformation ist, ist eine Herausforderung für die Beraterin. Der Hebel dazu ist das Vertrauen, dem wir hier ein ganzes Kapitel widmen.

Spannung durch Unbehagen – die mangelnde Erfüllung von Bedürfnissen

Lustgewinn und Unlustvermeidung sind wesentliche psychologische Grundbedürfnisse (vgl. Abschn. 3.1.3). Sind meine aktuellen Bedürfnisse nicht erfüllt, ergibt sich eine Spannung im Sinne der Unzufriedenheit, wie sie in der Formel der Veränderungsmotivation beschrieben wird. Sie führt zu einer Weg-Von-Bewegung. Die Erfüllung derselben in den Fokus zu setzen, ist das Denken von einem positiven Zielzustand in der Zukunft her. Die Perspektive auf Lustgewinn im Sinne einer positiven Zukunft überführt diese Spannung zu einer Hin-Zu-Bewegung und ist ein wichtiger Veränderungstreiber.

> Der beste Beginn eines Veränderungsprozesses ist eine Zukunftsvorstellung, die neugierig macht und fasziniert. (Kruse 2020, S. 81)

Verstärkt wird die Veränderungsenergie noch, wenn nicht nur das Ziel, sondern auch der Weg Attraktionen bereithält. Somit sind sowohl **nicht erfüllte Bedürfnisse** als auch die **Vision von erfüllten Bedürfnissen** mit Spannung verbunden und damit grundlegend für Veränderung. Allerdings lässt uns eine Überspannung im Sinne von Distress oder lähmender Angst keine kreativen Lösungen herbeiführen (vgl. Abschn. 3.1.3). Hier gilt: Wohlspannung ist wirksamer als Hochspannung.

2.1.2 Bilder und Metaphern zu Transformation

Es ist von außen nicht leicht feststellbar, wann Transformation stattgefunden hat – denn es kann das gleiche Verhalten entweder ein „Mehr vom Selben" sein oder eine neue Grundhaltung – entscheidend ist ein struktureller Unterschied im Umgang mit den Dingen zu vorher.

> **Transformation oder einfaches Dazulernen? Die Umstellung von analog auf digital**
>
> Während der Zusatzqualifizierung für Supervisoren zu Online-Supervision wurde dieser Unterschied deutlich. Während die Videokonferenz als „Beratungsraum" für einige nur ein anderer Ort zur Kommunikation in der Beratung ist, tangiert diese für andere wesentliche Grundwerte von „echter Begegnung" in der Beratung. Für die einen ist die Einarbeitung in Online-Supervision ein Dazulernen von neuen Tools und wie man seine Beratung darin umsetzt, für die anderen bedarf es ein neues Denken, eine andere Haltung zu dieser Art der Beratung. Im letzteren Fall geht es darum, wie eine Ausweitung des Denkrahmens so gelingen kann, dass einerseits in einem guten Sinn Neues zugelassen werden kann und gleichzeitig alte Werte erhalten bleiben können.

Zur Darstellung des entscheidenden Unterschieds von Information und Transformation benutze ich folgende Metaphern.

Ein größeres Behältnis – ein Mehr an innerer Freiheit

Bei einer Transformation bekommt das Alte einen neuen Rahmen. Es bleibt einerseits gleich und verändert sich dennoch dadurch, dass es nun in einem weiteren Denk- oder Verhaltenskontext wirkt. Durch die Vergrößerung des Behältnisses ergeben sich jedoch viele andere Möglichkeiten – durchaus in Kombination mit den Inhalten des alten Behältnisses. Thomas Binder findet dafür mit Abb. 2.2 eine Darstellung, die den Unterschied zwischen Information im Sinne klassischen Lernens und Transformation deutlich macht.

In dieser Abbildung ist deutlich zu sehen, dass das alte Behältnis sehr gefüllt ist. Oft ist es so, dass die Möglichkeiten der „Information" im Hinblick auf einen bestimmten Aspekt ausgereizt sind. Gerade in der Zeit nach der Pandemie erlebe ich häufig das Phänomen, dass Teams mit ihrer Arbeitsbelastung an die Grenzen kommen. Das Beratungsanliegen ist dann oft: Wie können wir uns besser organisieren, um die Arbeit bewältigt zu bekommen. Aus dem Denkrahmen und Verhalten des alten „Behältnisses" wird also die Frage nach einer noch besseren Arbeitsorganisation gestellt. Das Erlernen neuer Techniken können wir „Information" (Binder 2016) oder mit dem Entwicklungspsycholo-

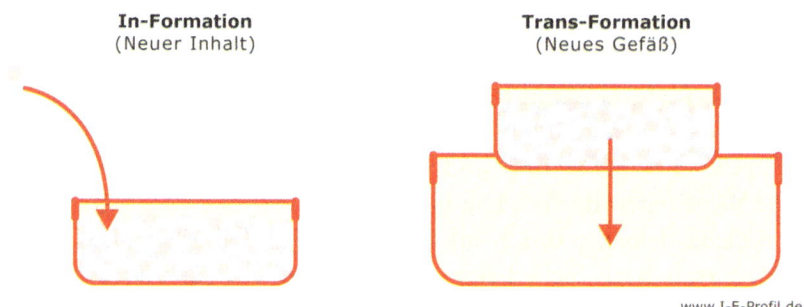

Abb. 2.2 Transformation als neuer Behälter. (Quelle: Binder 2016, S. 45; mit freundlicher Genehmigung von © Thomas Binder 2023. All Rights Reserved)

gen Jean Piaget „Assimilation" nennen. Assimilation ist die Integration von Neuem in bereits bestehende mentale Strukturen bzw. Denkfiguren. Transformation hingegen ist Akkommodation. Das ist die **Weiterentwicklung von Denkstrukturen,** weil die alten nicht mehr ausreichen. Für die an die Grenze kommenden Teams bedeutet das, dass die alte Form der Anpassung – die Verbesserung der Arbeitsorganisation – nicht ausreicht, um die Herausforderung zu bewältigen. Es braucht eine andere Struktur zu denken: ein größeres Behältnis. Innerhalb des größeren Behältnisses ist es z. B. möglich, bestimmte Dinge loszulassen, zu delegieren – trotz der damit verbundenen Unsicherheit. Es könnte andere Formen der Zusammenarbeit oder des Netzwerkens oder auch eine neue Fokussierung auf einen bestimmten Arbeitsbereich beinhalten. Es könnte auch sein, dass bestimmte tradierte Tätigkeiten für obsolet erklärt werden. Die gute alte optimierte Arbeitsorganisation wird gleichzeitig eine wichtige Ressource bleiben.

Für kollektive Systeme ist Transformation beobachtbar durch eine **veränderte Kultur,** eine andere Art der Kommunikation, ein neues Verhalten im Miteinander. Nehmen wir die Art der Kommunikation des eingangs skizzierten Teams, so wird nach einer Transformation das Team vielleicht Probleme selbstorganisierter lösen. Sie werden bei Problemen nicht in erster Linie auf den Chef schauen, sondern auf denjenigen, der die entsprechende Fachkompetenz hat. Damit es eine gute Kommunikation gibt, werden sie sich täglich kurz miteinander updaten.

Da Kompetenz nicht länger an die dauerhafte Leitungsrolle gebunden ist, sondern durch die Ergebnisse entsteht, braucht es eine neue Feedback- und Reflexionskultur. Diese implementieren sie in regelmäßigen Rückblicken auf die Arbeit. Sie werden mit dem Chef klären, welche Ergebnisse er wann braucht und was sie selbstständig entscheiden oder in die Wege leiten dürfen. Die Bedürfnisse, die hinter dem alten Denken stehen, bleiben wahrscheinlich zum großen Teil erhalten, wie z. B. das Bedürfnis nach Sicherheiten über Zuständigkeiten und Solidarität untereinander. Sie werden wahrscheinlich nicht generell ein Organigramm negieren, werden es jedoch der selbstorganisierten vom Sinn her getriebenen Arbeitsweise unterordnen und genauen Blick darauf haben, wie sinnvoll welche Position und Funktion im Gesamtkontext ist. Die kulturellen Ausdrucksformen von vor der Transformation bleiben ihnen vertraut und sie können sie nutzen im Umgang mit anderen Abteilungen, die ihre Bedürfnisse in dieser Art und Weise befriedigen.

Der neue Denkrahmen, die Transformation, verändert das Alte nicht direkt. In Disruptionserzählungen bekommen wir das Bild, dass das Alte zerstört wird. Zwar wird der alte Markt zerstört, nicht aber sofort das alte Denken, die alten Haltungen, mit denen gearbeitet und gelebt wird. In der Regel steht durch die Veränderung des Marktes eine Transformation von Haltung und Kultur bevor – doch längst gehen nicht alle diesen Weg, sondern versuchen lediglich das Alte mit einem neuen Produkt anzuwenden. So ist nicht davon auszugehen, dass alle Automobilfirmen, die Elektro-Autos anbieten, eine erweiterte Sicht auf die ökologischen Folgen der Mobilität haben. Transformation hingegen macht sich bemerkbar durch eine veränderte Kultur bis in das Herz der Organisation hinein.

Eine vertikale Bewegung – mit neuer Qualität

Eine erste Idee von einer qualitativen Steigerung, einer Aufwärtsbewegung durch Transformation bekommen wir durch die Unterscheidung zwischen vertikaler und horizontaler Entwicklung, wie in Abb. 2.3 zu sehen ist. Dabei ist die horizontale Entwicklung der Information bzw. Assimilation gleichzusetzen, während die vertikale Entwicklung Transformation ist. Durch Transformation ziehen wir **eine neue Ebene** ein, **die größer ist als die alte und die der alten an Möglichkeiten über-**

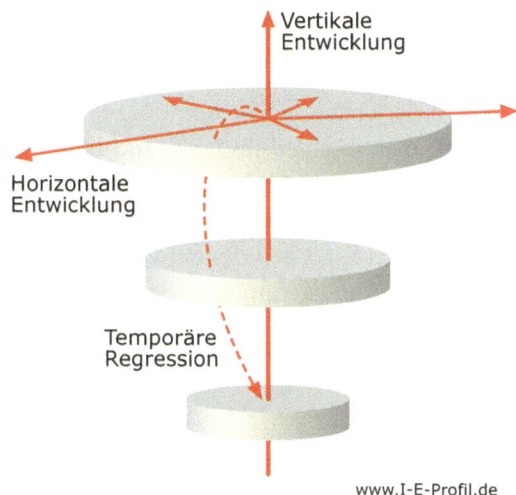

Abb. 2.3 Transformation als vertikale Entwicklung. (Quelle: Binder 2016, S. 43; mit freundlicher Genehmigung von © Thomas Binder 2023. All Rights Reserved)

legen ist. Allerdings kommt in der Skizze von Thomas Binder ein neues Phänomen hinzu: Wir können regredieren. Das Alte, ja die primären Haltungen sind nicht verschwunden. Kontextverschiebungen oder aber Krisen, in denen das Neue nicht mehr zu funktionieren scheint, können dazu führen, temporär in alte Niveaus überzugehen. Dabei ist der Begriff „temporär" entscheidend, denn sonst würde das Merkmal der Irreversibilität nicht gelten. Ein längeres Verharren in der Regression führt zu Spannungen, die sich dauerhaft nicht schadensfrei halten lassen. Das System verlangt dann nach Veränderung. Es braucht etwas Neues.

Eine Heldenreise – mit Auf und Ab
Die Narration der Heldenreise (vgl. Vogler 2018) stellt ein sehr plastisches und bewegtes Bild von Transformation dar. Die Etappen auf der Reise, die wir nicht nur in Harry Potter und Herr der Ringe, sondern auch in Märchen wie dem tapferen Schneiderlein oder auch modernen Filmen und Geschichten wiederfinden können, sind folgende:

1. Das Sein in der gewohnten Welt
2. Der Ruf zum Abenteuer in die neue Welt
3. Die Verweigerung des Rufs
4. Die Begegnung mit einem Mentor
5. Das Überschreiten der ersten Schwelle
6. Die Bewährungsproben mit Verbündeten und Feinden
7. Das Vordringen in die tiefste Höhle / zum Kern
8. Der Entscheidungskampf / die Feuerprobe
9. Die Belohnung und das Ergreifen des Schwerts
10. Der Rückweg und die Auferstehung aus der Todesnähe
11. Die Erneuerung / Verwandlung
12. Die Rückkehr mit dem Elixier

Jemand befindet sich in einem vertrauten Land und wird in ein neues gerufen. Das löst die besagte Spannung aus, denn der Weg dahin ist nicht leicht und es gilt Barrieren zu überwinden. Bei der Heldenreise ist nach dem Ruf in das neue Land und einer langen **Reise des Ringens** und schließlich nach einem „Point of no return" das Ergebnis, siegreich in der neuen Welt angekommen zu sein – und dabei die alte Welt immer noch zu haben. Somit ist man schlussendlich „Herrscherin zweier Welten": Das Alte ist in das Neue integriert.

Die Heldenreise macht mit ihrem Narrativ deutlich, wie viele Klippen überwunden werden wollen, um endlich souverän in der neuen Welt wirksam sein zu können. Lange gibt es ein Nebeneinander der beiden Welten, was zu einer großen Verunsicherung führt, denn das Alte funktioniert nicht mehr, das Neue ist noch nicht greifbar. Letzteres scheint zuerst unerreichbar und will erkämpft werden. Doch wer aufmerksam ist, erkennt – so die Heldenreise – unterstützende Mentorinnen. Was bei der Heldenreise deutlich wird, ist, dass nach der Errungenschaft der neuen Haltung ein guter Umgang mit der alten Haltung möglich ist.

Die Bilder der Heldenreise oder des Behältnisses scheinen zunächst nur passend für individuelle Transformationen. Das Prinzip des größeren Behältnisses nach der Transformation oder aber der Weg des Ringens zwischen alter Welt und neuer Welt gelten auch für kollektive Systeme. Die strukturelle Kopplung psychischer und sozialer Systeme (vgl. Abb. 2.1) verdeutlicht den Zusammenhang.

Wie ein Ameisenhaufen oder ein Vogelschwarm – Transformation durch Emergenz

Ein anderer Aspekt von Transformation, der eher in komplexen sozialen Systemen zu beobachten ist, ist der der Emergenz durch Selbstorganisation. Das heißt, dass die Ordnung des Systems sich in Reaktion auf Herausforderungen der Umwelt spontan selbst ordnet. Dabei „emergiert" das System aus sich selbst heraus. Emergenz kommt aus dem Lateinischen und bedeutet so viel wie „Emporsteigen". Emergenz ist immer „übersummativ", das heißt, das, was emergiert, ist „…mehr als die Summe der einzelnen Teile" (Aristoteles). Durch das Zusammenspiel aller Elemente entsteht eine neue Komplexität mit **qualitätssteigernden Eigenschaften,** die dem Überleben des Systems dient. Dies geschieht autonom und selbstreferentiell, was wir in der Systemtheorie als Autopoiese bezeichnen (vgl. dazu mehr im Kap. 4 zum Thema Weisheit). Als Bild dazu wird gern der Ameisenhaufen hinzugezogen (vgl. ZDF 2019). Durch vorhandene innere „Logiken" ordnen sich die Einzelelemente des Ganzen in kluger Weise, die die Addition der Klugheit einzelner Ameisen weit übersteigt. Die Selbstorganisation schafft über **Knotenpunkte der Information** eine hilfreiche Struktur. Dies gilt nicht nur für das Schwarmverhalten in der Biologie (Tier wie Mensch), sondern auch für neuronale Netzwerke, wie in Abschn. 5.3 beschrieben und in Abb. 5.3 dargestellt wird.

Was also sind Merkmale von Transformation?

Transformation als ein abgeschlossenes Geschehen ist eine tiefgreifende Veränderung, die sich in einer neuen Haltung oder Kultur manifestiert. Sie ist unumkehrbar. Dabei ist das Alte unter dem Vorzeichen des Neuen integriert. Es kann von einem Paradigmenwechsel mit Folgen gesprochen werden. Transformation als Prozess ist ein nicht vorhersehbarer Weg mit Vorwärts- und Rückwärtsbewegung. Transformation kann gefördert, jedoch nicht von außen gemacht werden. Sie unterliegt der Selbstorganisation.

2.2 Hemmschwellen der Transformation – Warum wir auf der Stelle treten

Die tiefgreifende Veränderung zur Auflösung der oben genannten Spannungen ist von unterschiedlichen Polen des GPAs her mehr oder weniger zugänglich. Manchmal ist der eine, manchmal der andere Pol wie eine Tür verschlossen. Manchmal braucht es Umwege über einen anderen Zugang, um die blockierte Tür zu öffnen. Ich möchte unter dem Vorzeichen des „Wissens" in diesem Kapitel Hintergründe aufzeigen, warum es von der einen oder anderen Seite her „Hemmungen" oder „Schwellen" gibt, den entscheidenden Schritt nach vorn zu gehen. Dabei nehme ich jeweils drei Perspektiven in den Blick: Die Organisation, die Interaktionen in einer Gruppe bzw. einem Team und den individualpsychologischen Blick. Am Ende stelle ich jeweils Reflexionsfragen, die der Hypothesenbildung dienen – und damit eine Grundlage für eine entsprechende Intervention sein können.

2.2.1 Was unser Denken begrenzt

Organisationelle Mythen – die Produktion von Wahrheit
Gerade in der Pionierphase einer Institution entstehen Mythen (vgl. Möller und Pühl 2001). Mythen sind „heilige", auf eine wesentliche Bedeutung konzentrierte **Geschichten mit Wahrheitsanspruch.** Sie haben ein hohes Beharrungsvermögen und idealisieren oft sowohl den Machthaber der Institution als auch die Institution selbst. Darin werden bereits die Funktionen der Mythen deutlich: Sie dienen der Bewältigung von Ängsten: Der Mythos beschreibt, worin die Sicherheit liegt. Sie bedeutet denen, die in oder mit der Institution arbeiten, woran sie sich festhalten können. Der Mythos sorgt zudem für Identität mit der Institution und verhindert damit Spaltung. Gleichzeitig sorgt der Mythos für den Machterhalt der Machthabenden. Oft ist in den Mythen beschrieben, wie eine gute Führung zu sein hat. Nicht selten beschreiben sie, wie die Mächtigen für Sicherheit sorgen. Das führt zu gewissen Tabus, wie ich sie näher in Abschn. 2.2.3 beschreibe. Tabus sind Denkverbote. In der Regel dürfen z. B. die Mächtigen nicht kritisiert werden.

Wer das tut, „verunreinigt" die heilige Ordnung, die der Mythos festigt. Mit der Kritik wird der Kritiker zum Bösen, zum Ketzer. Meistens ist der Mythos bekannt, die dahinter liegenden Ängste, der Sinn des Mythos jedoch unbewusst.

Diagnose von Mythen und erste Intervention zugleich geschiehen durch Storytelling. Durch erzählte Geschichten kann der institutionelle Mythos gehoben werden. Thier (2016, S. 10–11) fasst die wesentlichen Themen von Geschichten in Organisationen zusammen. Es gibt

- Geschichten zu Statusunterschieden
- Geschichten über Unsicherheit und Sicherheit
- Geschichten über Kontrolle von Problemen

Dies bestätigt die Hauptthemen Sicherheit, Führung und Identität.

Fragen, die den Mythos heben

Für uns als Beraterinnen geben diese Geschichten Aufschluss darüber, warum eine bestimmte Entwicklung stockt:

- Was erzählt man sich über Führungspersonen? Was passiert, wenn sie einen Fehler machen?
- Welche Kultur – eher menschlich, eher sachlich, unantastbar… – haben in den Erzählungen die Führungspersönlichkeiten?
- Wer darf eine Führungsposition erhalten?
- Wird man schnell gefeuert? Was macht man in der Organisation, um dem entgegenzuwirken?
- Darf man Fehler machen? Was passiert dann?
- Wie wird mit Problemen oder Hindernissen in der Organisation umgegangen? Wer löst sie? Wie? Wie riskant sind sie?

Über die Neuschreibung von Geschichten erfahren wir mehr in Abschn. 4.2.1.

Groupthink – die Einheitsmeinung

Irvin L. Janis ein amerikanischer Sozial- und Forschungspsychologe hat dieses Phänomen Anfang der 1970er Jahre anhand politischer Entscheidungen untersucht (vgl. Wellhöfer 1993, S. 57). Groupthink ist das konforme Gruppendenken, bei dem Einheitsmeinungen neues Denken und damit alternative Meinungen verhindern. Harmoniebestreben steht kreativer Lösungssuche entgegen. Der Konformitätsdruck bewirkt ein Nachgeben Einzelner. Je schwieriger die Problemsituation und je höher also das Risiko, umso mehr sucht das Individuum Sicherheit – durch die Zugehörigkeit zur Gruppe – und umso größer ist die Konformitätsbereitschaft. Gibt es zum Beispiel eine Bedrohung von außen, passt man sich umso schneller an. Interessanterweise hat auch der Status des Einzelnen einen Einfluss auf das **Konformitätsverhalten:** Personen mit mittlerer Statushöhe zeigen die größte Konformitätsbereitschaft. Menschen mit hohem oder niedrigem Status scheinen am wenigsten durch abweichendes Verhalten zu verlieren zu haben. Das Konformitätsverhalten drückt sich nicht zuletzt durch eine enggeführte Übersetzung von Grundwerten in Normen aus.

Werte, vor allem Grundwerte, sind allgemeiner Natur. Es sind allgemeine Zielvorstellungen von gutem Leben. Normen hingegen sind Verhaltensarten, mit denen wir Werte umsetzen. Werte sind tief in uns verankert und identitätsbildend. Diese zu verändern scheint schwierig. Normen zu ändern, scheint auf den ersten Blick ebenso schwierig. Oft verwechseln wir jedoch Werte und Normen. Die Normen werden dabei als Werte behandelt. Dabei könnten die Werte in der Regel auch auf andere Art und Weise umgesetzt werden. Die Normen als Verhaltensregeln sind immer kontextspezifisch zu betrachten.

Gruppendenken erkennen

- Was erlauben sich die Teammitglieder nicht?
- Worüber gibt es große Einigkeit?
- Was könnte man auch anders sehen – wird es aber hier nicht?
- Mit Blick auf das Glaubenspolaritätsschema: Welche Ecke wird nicht bedient?
- Wo gibt es kleine Abweichungen von der Konformität – und wie wird damit umgegangen?
- Wer ist am meisten am Rande der Gruppe/ des Teams – und was unterscheidet ihn von den anderen (was ist das, was das Gruppendenken ausschließt und vielleicht gerade das Spannende, Neue sein kann)?

Glaubenssätze, Vorannahmen und andere innere Grenzen
Wir alle haben im Laufe unseres Lebens Glaubenssätze bzw. Vorannahmen (vgl. Kline 2016, S. 198) entwickelt. Entweder haben wir sie aus unserer prägenden Kultur übernommen oder aber wir haben sie durch Erfahrung gelernt. Sie sind uns manchmal bewusst – manchmal auch nicht. Oftmals unbewusst ist uns der Zweck dieser Glaubenssätze – das „Wozu?". Jeglicher Glaubenssatz ist oder war einmal in einem bestimmten Kontext sinnvoll, sonst hätte er sich nicht etabliert. Beispiele für Glaubenssätze sind:

- „Ich darf nicht besser sein als meine Eltern."
- „Ich muss immer alles dafür tun, dass es anderen gut geht."
- „Ich bin nur wertvoll, wenn ich etwas leiste."
- „Jungen weinen nicht."

Manchmal haben wir den Glaubenssatz aus der **Tradition** übernommen, z. B. als eine „unsichtbare Bindung" und Identifikation durch **Loyalität** zu bestimmten Menschen oder Gruppen (vgl. Boszormenyi-Nagy und Spark 1981, S. 73). Dann führt die Bindung z. B. zu den Eltern oder dem Milieu, in dem wir groß geworden sind zu bestimmten unhinterfragten Klarheiten. Manchmal wurde uns der Glaubenssatz aus einem anderen, häufig alten Kontext übergestülpt im Sinne einer **Delegation** (Stierlin 1978), wenn wir z. B. für unsere Familie etwas Bestimmtes leisten sollen oder nicht leisten dürfen. In beiden Fällen ist es wahrscheinlich, dass er im Hier und Jetzt für den Betreffenden keinen Zweck mehr erfüllt, da sich der Kontext im Vergleich zum Entstehungshintergrund weitestgehend verändert hat.

Die Konstruktion von Glaubenssätzen findet sowohl auf der Ebene der **Beschreibung** wie auch der **Erklärung** und der **Bewertung** statt. Sie hängt von verschiedenen Faktoren des Konstrukteurs ab: Wie sind seine Sinne beschaffen? Wie seine Psyche? An welches Bekannte schließt die Beobachtung an? Ferner ist der Standort relevant.

So kommt es zu unterschiedlichen Beschreibungen von Phänomenen, denn es ist ganz unterschiedlich, was von dem was in Erscheinung tritt, wir überhaupt wahrnehmen. Jeder wählt das aus, worauf die Wahrnehmung gerichtet ist. Diese steuern wir nur zu einem geringen

Teil bewusst. Sie läuft automatisch durch die Beschaffenheit unseres Gehirns ab.

Ferner erklären wir uns das, was wir wahrgenommen haben, unterschiedlich. Der Zusammenhang von Ursache und Wirkung wird unterschiedlich hergestellt. Dies bezieht sich zum einen auf die Entstehung des Phänomens wie auch auf das, was wir daraus ableiten, was nun zu tun ist.

Eng damit verbunden ist nicht zuletzt die Bewertung des Phänomens. Ist es positiv oder negativ? Kann es bleiben? Muss etwas verändert werden?

Die meisten unserer Glaubenssätze sind Konstruktionen, die unser Leben erleichtern, indem sie die Komplexität reduzieren. Für unseren Zusammenhang sind diese Konstruktionen, diese Glaubenssätze dann relevant, wenn sie hinderlich sind, neue Wege zu beschreiten, wenn sie Möglichkeiten einengen und Transformation behindern.

> **Vorannahmen auf der Spur**
> - Auf welche Ansicht wird auf jeden Fall Zustimmung erwartet?
> - Wo spüre ich, dass etwas wohl „wahr" sein muss?
> - Welche Meinung erzeugt starke Ablehnung?
> - Welche Einstellung hindert auf dem Weg zu einem Ziel, zu einer Umsetzung?

2.2.2 Was Vertrauen und Sicherheit verhindert

Wir vertrauen uns – aber nicht den anderen
Zugehörigkeit ist evolutionär bedingt ein psychologisches Grundbedürfnis. Schauen wir auf die Gesellschaft, so bezieht sich Zugehörigkeit auf bestimmte soziale Räume, in denen wir uns bewegen. Früher bezogen wir uns auf soziale Schichten oder Stände, heute bewegen wir uns in „Sozialen Milieus". Es ist uns Menschen in der Regel wichtig für unsere Zugehörigkeit, für unsere Identität, dass wir uns von anderen Gruppen mit anderen Werten, Moden und Handlungsformen abgrenzen. Besonders deutlich wird dies bei Jugendlichen, die genau wissen,

welche Schuhe für ihre Clique tabu sind. Bourdieu (1982) spricht an dieser Stelle von „Distinktionsmerkmalen" – also Unterscheidungs- und Abgrenzungsmerkmalen, um die Zugehörigkeit zu stärken.

Diese **Abgrenzung des Systems,** dieses klare „Nein" zu anderen Gruppierungen oder Organisationen verhindert, dass Ansichten oder Praktiken anderer Milieus oder Kulturen Eingang in das System finden. Vielleicht wären jedoch gerade diese Einflüsse wesentlich für eine tiefgreifende Veränderung. Vielleicht ist es genau diese Grenzsetzung, die überwunden werden müsste, um zu etwas Neuem zu gelangen.

Die starke Fokussierung auf die eigene „Blase", den eigenen identifizierten Zugehörigkeitsraum, wirkt sich aus und führt zu den sogenannten **„unconscious bias",** d. h. den unbewussten Wahrnehmungsverzerrungen, Denkmustern und Annahmen. Diese Wahrnehmungsverzerrungen aufzuweichen ist ein Ziel von Diversity Management (vgl. Voß und Würtemberger 2023, S. 284). Ein wesentliches Bias für unseren Zusammenhang ist der Affinity Bias, die Ähnlichkeitsverzerrung, die eine klare Insider-/Outsider-Dynamik beinhaltet, weil wir uns gern mit ähnlichen Menschen umgeben.

Die Kulturgrenze erforschen

- Wovon grenzt sich die Organisationseinheit klar ab?
- Angenommen, man würde von einem fremden Stern auf diese Abteilung schauen: Was eint die Menschen dort?
- Durch welche äußeren Merkmale sichert sich die Einheit das Wir-Gefühl?
- Was erzählen sie sich über sich Organisationseinheit?
- Mit wem möchte die Gruppe / das Team / die Organisation keinesfalls kooperieren?

Sicherheit in Teams und Gruppen – je nach Stand im Prozess

Vor allem in den Teamphasen der **Orientierung** und der **Vertrautheit** wird besonders viel psychologische Sicherheit (mehr dazu in Abschn. 3.1.5) benötigt. Die Vertrautheitsphase steht am Anfang einer Teamentwicklung, wenn ein Team sich neu konstelliert. Die Phase der Vertrautheit tritt ein, nachdem um Rollen gerungen wurde. Gern tauche ich mit Ihnen in diese beiden Phasen ein, die ich hier im Gesamtkontext nach Horst Günther Schöpping (1982), durch den ich in der Zeit der Jugendarbeit sehr geprägt wurde, beschreibe.

Gruppenphasen
– angepasste Version nach Horst-Günther Schöpping (1982)

Die Phase der Orientierung Mehrere Personen sind zusammengekommen, um an einer Aufgabe zu arbeiten. Der Bekanntheitsgrad untereinander ist unterschiedlich. Auch der Kontext, die Aufgabe wie auch die Leitung ist den Einzelnen mehr oder weniger fremd. Es wird vorsichtig mit Nähe und Distanz jongliert. Jeder versucht sich selbst gut zu schützen und gleichzeitig Sicherheit durch Information zu bekommen. Das eigene Normenverhalten ist mit dem der anderen noch nicht abgestimmt und daher verunsichert (welche Regeln gelten hier?). Geklärt sind vielleicht die Funktionen, völlig ungeklärt sind die sozialen Positionen. Für gegenseitige anfanghafte Rollenerwartungen gibt es noch nicht genügend Anhaltspunkte aus der augenblicklichen Situation. Eigenes Rollenverhalten wird eher von Vorerfahrungen her bestimmt. Auch die gemeinsame Aufgabe wird wahrscheinlich unterschiedlich aufgefasst. Eine aus der allgemeinen Unsicherheit erwachsene Vermeidungstendenz (z. B. Position zu beziehen, klar eine Rolle einzunehmen, etwas zu fordern…) führt häufig zu Diskussionen, in denen jeder an jedem vorbeiredet. Schweigen oder/und hektischer Aktivismus sind weitere Zeichen für die herrschenden Unsicherheiten, Befürchtungen und Ängste.

Die Phase der Positions- und Rollenklärung Jeder will jetzt auf seine Art Einfluss über die andern gewinnen. Das kann sehr aktiv und „laut" („Hier bin ich und ich lasse nicht locker!") bis hin zu sehr passiv und „leise" („Ich erwarte stillschweigend, dass ihr euch nach mir richtet!") geschehen. Es wird um Macht-Positionen gekämpft. Rollenerwartungen werden angenommen und abgelehnt. Man rivalisiert, schließt sich zusammen, bildet Koalitionen, um sich gegen andere durchzusetzen. Sympathien und Antipathien werden offen gezeigt und ausgesprochen. Normen werden gesetzt und angenommen oder verworfen. Es kommt zu mehr oder weniger scharfen Konfrontationen.

Die Phase der Vertrautheit Die Verletzungen in der Phase der Positions- und Rollenklärung erzeugen jetzt Schuldgefühle und führen dazu, sich gegenseitig die „Wunden zu lecken", Konflikte als nicht mehr so wichtig anzusehen und deshalb unter den Teppich zu kehren. Ambivalente Gefühle verstärken sich in Richtung Sympathie. Man geht jetzt wohlwollender miteinander um. Das Team oder auch Subteams schließen sich enger zusammen und schirmen sich nach außen ab. Gefühle der Zusammengehörigkeit werden geäußert und lassen Neigungen aufkommen, sich selbst zu genügen.

Werden zu viele Probleme und Konflikte unter den Teppich gekehrt, dann reißen die „zarten Bande" der Zusammengehörigkeit auseinander. Entweder werden nun die Probleme und Konflikte realitätsgerecht aufgedeckt und bearbeitet, damit die Gruppen in ihren Beziehungen und Leistungsfähigkeiten wachsen, oder die verleugneten Realitäten erzwingen erneut die Abklärung der Positionen und Rollen.

Die Phase der Differenzierung/Arbeitsphase Das Team ist jetzt voll beziehungs- und handlungsfähig. Der Einfluss wird nun von fast allen Mitgliedern je nach ihren Fähigkeiten und den wechselnden Situationen entsprechend ausgeübt. Die Rangstruktur löst sich zugunsten einer offenen Struktur auf, die durch einen weitgehend gleichberechtigten Einfluss aller Mitglieder geprägt ist („Tendenz der Führung durch die Gruppe – Selbstorganisation"). Je besser diese Umstrukturierung gelingt, desto leistungsfähiger und zufriedener sind die Mitglieder. Das einzelne Mitglied kann seine Identität entwickeln und ihr Potenzial eingeben. So entwickelt das Team einen Unterschied zu anderen Teams. Durch das Vertrauen ineinander stellt eine Kooperation oder Netzwerken darüber hinaus für die Mitglieder kein Problem dar.

Die Phase der Ablösung Diese Phase, die in anderen Modellen teilweise unbeschrieben bleibt, handelt von einem bewussten Abschluss einer gemeinsamen Zusammenarbeit. Oft wird zwar am Ende eines Projektes die „Sache" gewürdigt, nicht aber die Beziehungsebene am Ende eines Prozesses genügend beachtet, ausgewertet und als Lernprozess für zukünftige Kooperationen genutzt. Persönliche Würdigung, konstruktives Feedback, das bewusste Entlassen aus der Aufgabe sind emotionale Prozesse, die den Einzelnen für zukünftige Aufgaben frei machen.

Er nennt als erstes die Phase der Orientierung als eine Phase, in der ich als Teammitglied schaue, welches Verhalten von mir erwartet wird. Da jedoch noch alle des Teams auf der Suche sind, richte ich meine Aufmerksamkeit umso mehr auf die Leitung und den Kontext und entwickele Vorstellungen und damit Erwartungen darüber, was von mir erwartet wird. Daraufhin entwerfe ich meine Rolle, indem ich genau das meiner Möglichkeiten einbringe, was ich aufgrund meiner „Erwartungserwartungen" für richtig empfinde. Da an dieser Stelle noch vieles unsicher ist, ist auch noch vieles offen. Das heißt, dass der Beginn nicht nur die Möglichkeit zu besonders vielen Fettnäpfchen, sondern auch zu Möglichkeiten der Gestaltung enthält. Es bedarf gerade an dieser Stelle großen Mut genau das einzubringen, was mir für den Kontext wichtig erscheint – also bereits viel **Ich ins Wir** zu bringen und sich gleichzeitig angeschlossen zu zeigen.

In der zweiten Phase der Positions- und Rollenklärung wird um den Status gekämpft. Um selbst zur Geltung zu kommen, kommt es an der ein oder anderen Stelle auch zu Kränkungen oder Herabsetzungen – in mehr oder weniger feiner Weise. Danach kommt die Phase der Vertrautheit. Es ist die Phase des „Wundenleckens", in der niemand die Situation überstrapazieren möchte. Die Unsicherheit durch die Reibung der vorhergehenden Phase wird durch ein starkes Wir-Gefühl behoben. Aufgrund vieler Veränderungen in Organisationen, vieler Fluktuationen und Neubesetzungen gibt es diese Phase umso häufiger, denn bei jeder Neukonstellation beginnt das Team dynamisch zumindest in Teilen von vorn. Das Team bezieht sich noch mehr als sonst aufeinander und grenzt sich von außen ab. Damit werden aus der Perspektive der Transformation wertvolle Kooperationen und Zugänge zu anderen verhindert. Es ist wichtig, den Übergang von dieser Phase in die nächste zu schaffen, in die Phase der **Differenzierung** – der eigentlichen Arbeitsphase.

Die Sicherheitsbedürfnisse des Teams erkunden

- In welcher Entwicklungsphase befindet sich das Team?
- Wie stark ist die Gruppenkohäsion?
- Wie schätzen Sie das Vertrauen nach Innen ein?
- Was passiert auf der Vorderbühne?
- Was passiert auf der Hinterbühne?
- Wie stark ist das Vertrauen in etwas Fremdes von außen?

Angstabwehr – als Einzelner auf Nummer sicher gehen

Die Angst vor dem Verletzen eines der psychologischen Grundbedürfnisse hindert den Einzelnen auf dem Weg zum Vertrauen. Dies ist ein wichtiger Hinweis auf die Bedeutsamkeit der psychologischen Sicherheit im System – dazu hören wir später (s. Abschn. 3.1.4). Aufgrund der Angst wehren wir das Neue ab.

Psychoanalytisch treten beim Aufdrängen von Neuem Abwehr – oder, wir können auch sagen **Schutzmechanismen** auf den Plan.

Auswahl möglicher Schutzmechanismen
– eigene Zusammenstellung nach Stork (2021), Mentzos (1988) und Antons (2019)

- **Verkehrung ins Gegenteil/Umkehrung:** Ein unliebsames Gefühl in einem selbst wird durch das Gegenteil beantwortet: Hass durch Liebe/Freundlichkeit. Aggression durch Depression. Depression durch Aggression. Auch nicht authentisch hervorgebrachte Verniedlichung lässt darauf schließen. Wird dies zur Gewohnheit, so spricht man von Reaktions- oder Charakterbildung
- **Ungeschehen machen:** Verbotenes/Unerlaubtes wird durch ein „Zauberritual" entkräftet. „Also schloss er messerscharf, dass nicht sein kann, was nicht sein darf."
- **Verschiebung/Verlagerung:** Eigene unerwünschte Impulse und Fantasien werden nicht auf die auslösende, sondern auf andere Personen gerichtet.
- **Wendung gegen sich selbst:** Autoaggression – wenn der interpersonelle Bereich von Störungen freigehalten werden soll. Auf Dauer führt dieser Schutzmechanismus nicht selten zur Somatisierung.
- **Verneinung/Verleugnung:** Die negativen Gefühle werden verneint.
- **Affektisolierung/Abspaltung:** Der Vorstellungsinhalt von etwas Belastendem ist bewusst, das Gefühl dazu ist jedoch nicht spürbar, da zu schmerzhaft.
- **Rationalisierung:** Nachträgliche Rechtfertigung von Verhaltensweisen durch Scheinmotive.
- **Identifikation mit dem Aggressor:** Die Person identifiziert sich mit dem Angreifer und richtet die Aggression gegen eine andere Person.
- **Idealisierung:** Dies ist eine Projektion mit umgekehrten Vorzeichen: Mein Gegenüber wird als das selbst nicht lebbare Idealbild gesehen. Grenzen von Ich und Du werden verwischt

- **Verdrängung:** Unbewussthaltung von Affekt und innerer Vorstellung.
- **Projektion:** Eigene ungeliebte Impulse werden anderen zugeschrieben.
- **Introjektion:** Gefühle des anderen werden als eigene wahrgenommen. Z. B. auch Schuldgefühle eines Täters.
- **Projektive Identifikation:** Das Gegenüber gleicht sich aufgrund nachdrücklichen Verhaltens des Abwehrenden dem erwarteten Verhalten an. Damit kann man Konflikte in die Außenwelt produzieren und muss sie nicht als innerpsychische Konflikte wahrnehmen. Das Gegenüber identifiziert sich mit den projizierten Inhalten und Gefühlen. So kommt es zu Reinszenierungen.
- **Spaltung/Dissoziation:** Unfähigkeit, Ambivalenzen zu ertragen. Angst vor Zerstörung, darum Trennung von gut und böse. In Interaktionen geschieht dann auch projektive Identifikation.
- **Regression:** Rückkehr auf frühere Entwicklungsstufen, wenn die Belastung zu groß wird.
- **Rückzug:** Aufgeben

Durch sie werden Emotionen, eigene Anteile, Triebe oder andere Bedürfnisse um der Sicherheit Willen abgewehrt. Das Gehirn reagiert bei Angst je nach Stärke mit der Beibehaltung alter Gewohnheitsmuster, der Regression in kindliche Muster oder aber mit Kampf, Flucht oder Starre darauf (s. Abschn. 3.1.1). Einige klassische Regressionsmuster finden Sie gut reduziert jenseits des psychoanalytischen Vokabulars in Abb. 3.1. Beispielhaft möchte ich hier jedoch die Dissoziation als einen Abwehrmechanismus nennen, den ich unten in dem Beispiel aufführe. Eine Dissoziation ist eine Spaltung von zwei Dingen, die ambivalent sind. Aufgrund der Ängste, durch „das Andere" zerstört zu werden, trennt der sich Schützende das Bild von sich selbst in „gut" und „böse". Die Ambivalenz lässt sich nur so ertragen – die Einheit geht verloren. Oft ist es auch so, dass durch diese innere Spaltung eine äußere Spaltung crzcugt wird, in dem sie nach außen projiziert wird. Durch das Verhalten schafft derjenige es dann tatsächlich, dass der andere oder die anderen tatsächlich Verhaltensweisen zeigt, die als „böse" bezeichnet werden können. Eine solche Spaltung in gut und böse oder richtig und falsch ist für weiterführende Veränderungen und neue Lösungen hinderlich. Auf Dauer gerät damit das, was nicht sein darf oder soll in den sogenannten „Schatten". Das, was sein darf und soll, das geschönte Bild von uns selbst, mit dem wir uns identifizieren, nennen wir alltagssprachlich das „Ego". Zur Weiterentwicklung brauchen wir einen konstruktiven Umgang mit Ambivalenzen.

Bei Fusionen beispielsweise entstehen oft Ängste vor den „Anderen", den „Neuen". Veränderung ist der Auftrag – doch notwendig ist im ersten Moment der Schutz. Solange die Ängste überbordend sind, ist keine Veränderung möglich.

Lieber Spalten als Kleinsein – Abwehr bei einem Fusionsprozess

In einem Führungscoaching bei einer großen Versicherung, die sich in der Fusion befand, berichtete eine Führungskraft von der Ablehnung der Zusammenführung, obgleich klar war, dass nichts mehr dagegen unternommen werden konnte. Von außen betrachtet konnte eine Bereicherung des Bereichs, der bislang unterbewertet war, vermutet werden. Doch die Ängste hatten Vorrang: Nehmen uns „die anderen" etwas weg? Wer sind wir dann als Bereich? Welche Rolle habe ich dann? Werden wir von den anderen absorbiert, zu Nichts gemacht? Diese Ängste führten bei dieser Führungskraft zu Regression. Er fühlte sich kindlich, abhängig, nicht mehr handlungsfähig. Konkret zeigt sich sein Abwehrmechanismus so: Da „Kleinsein" keine Option im System war, gab es von seiner Seite her eine Spaltung, eine Dissoziation: Wir sind die Guten – das sind die Bösen! Die Ängste liegen hier im sogenannten Schatten – denn die Führungskraft der Versicherung, welche im Außendienst tätig war, hatte immer die Kultur, Sicherheit auszustrahlen. Ein Verharren in dieser Position verhindert selbstverständlich die Transformation.

Schutzmechanismen erkennen und erspüren
- An welchen Stellen reagiert jemand erregt?
- An welchen Stellen geschieht ein Themenwechsel?
- An welchen Stellen verabschiedet sich jemand aus der Kommunikation?
- Wo stellt jemand sein Ego über die sachliche Argumentation?
- Als Beobachterin der eigenen Regungen in der Beratung:
  An welchen Stellen fühle ich mich plötzlich involviert, wo es nicht passt? Welche Interaktion hat dazu geführt?

2.2.3 Was unseren Handlungsspielraum beschränkt

Habitus, Tabus und Rituale in der Organisation

Der Habitus – mehr als eine Gewohnheit Ein Habitus ist mehr als eine Gewohnheit, wie das Wort vielleicht vermuten lässt. Bourdieu (1982) nennt seine Theorie vom Habitus „Praxeologie", d. h. er legt besonderen Wert auf das Tun, das Handeln von Menschen, welches sehr abhängig ist von dem sozialen Raum, von dem Kulturraum, in dem er sozialisiert wurde. Jeder „soziale Raum" hat bestimmte Praktiken wie man sich verhält – und wie man es eben in Unterscheidung zu anderen sozialen Räumen NICHT macht.

In einem bestimmten Raum, in einer bestimmten Kultur gibt es einen gemeinsamen **Sinn für die „Spiele",** die dort gespielt werden. Diese Spielarten sind in unsere Körper eingeschrieben, sozusagen „inkorporiert". Gehen Sie einmal in eine Fußgängerzone und schauen sich die Menschen an, wie sie sich kleiden, sich bewegen, wie sie schauen – es gibt Unterschiede, die mit dem sozialen Raum zu tun haben, zu dem sie sich zugehörig fühlen. Dies ist umso eindeutiger, je weniger sich die Menschen über ihren angestammten Raum hinausbewegen. Der primäre Habitus, die ältesten inkorporierten Merkmale, sind als schicksalsprägend zu bezeichnen. Durch den Kreislauf zwischen dem einzelnen Menschen, der den sozialen Raum prägt, und dem sozialen Raum, der den einzelnen Menschen inkorporiert, wird gesellschaftliche Praxis regeneriert: „So geschieht das hier". Damit gibt Bourdieu eine Antwort auf die Frage nach Beharrungstendenzen gesellschaftlicher Praxis oder sagen wir Kultur. Die objektiven Fakten geben vor, „was sich gehört", dafür wiederum haben die Individuen Sinn und richten sich innerhalb eines gewissen Spielraumes danach.

Praktisch ist es oft so, dass nur Menschen mit einer bestimmten Prägung aus dem ersten Habitus in einer bestimmten Position, einer bestimmten Organisation ihren passenden Ort finden, in dem bekannte, vertraute Spiele gespielt werden. Durch die Globalisierung sind diese harten Trennungen, wie Bourdieu sie seinerzeit für die gesellschaftlichen Schichten Frankreichs beschrieben hat zwar nicht mehr haltbar – jedoch finden sich solche Reproduktionsmechanismen immer wieder – gerade dort, wo Menschen dafür sorgen, dass sie unter ihresgleichen bleiben.

Das Tabu – das Unantastbare Was die Einführung von Veränderungen in einer Organisation besonders erschwert, sind Tabus. Die wichtige Funktion von und gleichzeitige Einengung durch Tabus wird bei einem Blick in die Psychoanalyse und Ethnopsychoanalyse deutlich. Ich lade Sie ein in eine vielleicht etwas fremde Denk- und Vokabelwelt, die jedoch eine Vorstellung von der Tiefe der Wirkung von Tabus gibt.

Das Wort Tabu stammt aus dem Polynesischen und lässt sich nur schwer übersetzen. Es meint gleichzeitig heilig und unrein, unheimlich, gefährlich, und kann sich sowohl auf Menschen als auch auf die Beschränkung, das „Verbot" oder die Eigenschaften beziehen, und es kann außerdem das bezeichnen, was aus der Übertretung des Verbotes hervorgeht. Ein Tabu geht von einer geheimnisvollen eigentümlichen Zauberkraft (Mana) aus. Der Unterschied zu sonstigen Verboten besteht darin, dass keine ausdrücklichen oder gar definierten Sanktionen von außen bestehen, sondern die Wirkung des Tabubruchs von einer subtileren Art ist: „Die Strafe für die Übertretung eines Tabu wird wohl ursprünglich einer inneren, automatisch wirkenden Einrichtung überlassen." (Freud 2000, S. 312). Diese Einrichtung sind die Schutzmechanismen des Menschen. Typisch für Tabus in Abgrenzung zu Regeln ist deren **Undiskutier- und Unhinterfragbarkeit.** Es handelt sich um uralte Zwänge, die sich tradiert haben.

Durch Tabus passen wir uns einer Rolle an. Durch die Identifikation mit einer Rolle werden die ihr nicht entsprechenden Impulse abgewehrt und ins Unbewusste verschoben – sie zu überschreiten ist tabu. Der Einzelne funktioniert so im Sinne der Gemeinschaft, in der er sich bewegt. „Unbewusst muss all das werden, was die Stabilität der Kultur bedroht" (Erdheim 1997, S. 221). Das Tabu wird gesellschaftlich produziert und vom Einzelnen verinnerlicht, was es wiederum in der Gesellschaft stabilisiert. Durch dieses Verhalten werden die gegebenen Machtverhältnisse immer wieder reproduziert – was der Sicherheit dient. Die Institutionen unterstützen durch das Setzen sozialer Rollen entsprechende Abwehrmechanismen. So ist in traditionellen Organisationen sehr klar, wer wozu etwas zu sagen hat und wer nicht. Das ist entlastend, denn ich kann mich dadurch abgrenzen und die Komplexität und damit die Entscheidungsoptionen sind dadurch reduziert. Die Rolle und das Tabu der Übertretung lässt mich als Rolleninhaber leichter in das Gefühl kommen, das Wichtige oder Richtige getan zu haben. Somit schützt mich das Tabu vor Ängsten, Scham- und Schuldgefühlen. Der innere Impuls anders oder übergreifend zu handeln wird verdrängt. Erst eine Erschütterung führt dazu, dass das Ich sich mit den Anteilen des Über-Ichs – welches als innere Verbotsinstanz dient – auseinandersetzt und sich neu organisieren und damit zu anderen Entscheidungen kommen kann.

Um den Kreislauf zu durchbrechen, muss das Unbewusste erkannt und damit reflexionsfähig gemacht werden. Dies ist jedoch gefährlich, bedeutet es doch die Auflösung der bisherigen sicherheitsspendenden Rollen, mit denen sich der Mensch identifiziert hat. Er fällt mit dem Tabubruch aus dem System heraus, in dem er gelernt hat, sich zu bewegen. Erdheim nennt dies den „sozialen Tod" (Erdheim 1997, S. 75 f.). Mich beeindruckt dieser Ausdruck, erklärt er doch die Angst, die z. B. eine Führungskraft hat, wenn sie ein der Mitarbeiterschaft vertrautes Rollenbild verlässt. Aufgrund der Verinnerlichung der Abwehr- und Anpassungsmechanismen sind Kontrollmechanismen von außen kaum nötig. Der Einzelne kontrolliert und beobachtet sich im Dienst des Erhalts des Systems – mit seiner entsprechenden Machtverteilung – selbst.

Als Beraterin sind beide Aspekte im Blick zu behalten: Die Sicherheit, die Tabus geben wie auch die Hindernisse in der Entwicklung, die diese darstellen. Ein Tabu als Außenstehende wahrzunehmen, gibt nicht das Recht es zu brechen. Die Erschütterung braucht einen haltenden Rahmen und ein sinnvolles Ziel.

Das Ritual – der Ausdruck des Unaussprechlichen Rituale sind ausdrucksvolle, typische, standardisierte Ausdrucksformen eines Kollektivs. Sie geben **Sinn, Sicherheit, Orientierung und Kontinuität.** Als Beispiel dafür zählen in Organisationen Sitzordnungen oder die Reihenfolge von Begrüßungen – oder aber die Verabschiedung oder Einführung neuer Führungspersonen. Hier wird deutlich, dass mit den sicherheitsgebenden Ritualen oftmals auch die bestehenden Machtpositionen zementiert werden. Nicht zuletzt deshalb sind Rituale als Mittel der unbewussten Machtstabilisierung gesellschaftlich häufig verpönt. Mary Douglas (1986) beschäftigt sich aus sozialanthropologischer Sicht mit Tabus. Sie sieht vor allem deren ordnende, strukturierende und Identität gebende Funktion. Zusammen mit Erdheim betont sie den Zusammenhang von Ritual und Tabu. Die Rituale dürfen oft nicht angerührt werden – sind also tabu. Somit sind Rituale die Orte, an denen durch Formen etwas transportiert wird, was wir schwer in Sprache fassen können oder wollen.

> „[W]ie auch immer es um ihre übrigen Funktionen stehen mag – die Bestärkung der Disziplin, die Verminderung der Angst, die Sanktionierung bestimmter moralischer Verhaltensregeln -, ihre Hauptfunktion ist in jedem Fall die des symbolischen Ausdrucks." (Douglas 1986, S. 58)

Das Hinterfragen solcher Rituale würde die genannten Funktionen ins Wanken bringen. Gerade Symbole stiften gemeinsame Werte und repräsentieren einen Teil der sozialen Ordnung. Es verwundert folglich nicht, dass Rituale vorwiegend in „dauerhaften Sozialstrukturen" vorkommen.

Rituale kommen jedoch nicht nur in traditionellen Strukturen, sondern ebenso in Industrienationen vor, in denen durch den globalen Wettbewerb auf dem Weltmarkt die Chancen und Ressourcen als begrenzt gelten und daher besonders starke soziale Zwänge existieren. Das Tabu ist hier pragmatisch auf Leistungswerte bezogen. So ist z. B. das „Stempeln" bei Dienstbeginn oder -ende ein solches Ritual, welches während der Verbreitung von Homeoffice in der Corona-Pandemie weitestgehend wegfiel und zu großer Verunsicherung nicht nur bei den Führungskräften führte. Gerade wenn sich die Einzelnen der Zusammengehörigkeit nicht mehr sicher sind, gilt es, alte Rituale zu hinterfragen – und neue sinnvolle Rituale gemeinsam zu entwickeln (vgl. Abschn. 4.3.1).

Äußere Zeichen für die innere Verfasstheit

- Zu welcher Kultur gehört die Organisation, mit der ich es zu tun habe? Welche Historie hat sie? Welchen Habitus hat(te) der Gründer?
- Welche ausgesprochenen, welche unausgesprochenen Verhaltensnormen gibt es dort?
- Passen alle Beteiligten da hinein?
- Worüber darf nicht gesprochen werden?
- Was darf nicht getan werden?
- Welche regelmäßigen Rituale gibt es?
- Wer hat dabei Macht?
- Sind die Rituale veränderbar und wenn ja, durch wen?

Gruppennormen – so läufts bei uns

Wir alle kennen Gruppennormen in Teams. Sekundärtugenden wie Pünktlichkeit und Verbindlichkeit von Absprachen sind übliche Erwartungen, die aneinander gestellt werden. Die Verhaltenserwartung ist wesentliches Definitionsmerkmal einer Norm. Wird eine offizielle Norm übertreten, so gibt es eine entsprechende Rückmeldung bzw. Sanktion. Geschieht dies nicht offiziell, so wird dies innerhalb der Gruppendynamik erledigt, denn die „gehorsamen" Mitglieder fühlen sich sonst ungerecht behandelt. In Leitbildern und Arbeitskontrakten werden Normen herausgearbeitet wie:

- Wir sprechen offen Konflikte an.
- Wir praktizieren eine gute Feedbackkultur.

Diese Normen sind ausgesprochen und **offiziell.** Doch kennen wir alle auch die **informellen,** unausgesprochenen Gruppennormen. Diese sind für den Kontext der Transformation besonders relevant, weil sie die Reife des Teams, der Arbeitsgruppe verhindern, solange sie unbesprechbar bleiben. Gerade im Hinblick auf Feedback gibt es untergründig oft andere Erwartungen, wie z. B.:

- Wir rühren nicht aneinander – wir üben keine Kritik an dem Verhalten anderer.
- Wir reden nur über Sachen, nicht über Menschen.
- Wir vermeiden Auseinandersetzungen.

Je höher der Gruppenzusammenhalt, die sogenannte „Gruppenkohäsion" ist, umso weniger traut sich ein Einzelner gegen diese unausgesprochenen Normen zu handeln. Diese Mechanismen hängen selbstverständlich stark mit der Gemengelage der psychischen Ausstattung der Einzelnen zusammen. In Gruppen aktivieren sich die erlernten Anpassungs- und damit auch Abwehrmechanismen, die wir früh gelernt haben. Um zu überleben, lernen wir als Kind uns einzufügen, damit wir die notwendige Zugehörigkeit zur Gruppe nicht verlieren. Aus Angst vor Abweisung und Liebesverlust wehren wir gegenläufige Bedürfnisse und Impulse durch die bekannten Schutzmechanismen ab. Wir lernen das früh auf non-verbaler Ebene und richten unser Verhalten nach der Mimik, Gestik und Bewegung unserer Bezugsmenschen aus. Jede neue Gruppe birgt die Unsicherheit darüber, ob die gleichen Normen gelten, die mir schon vertraut sind, oder aber, ob es andere Normen geben wird. Je weniger jemand innerlich von seiner Primärgruppe abgelöst ist, umso stärker sind die Identifikationen mit einer Gruppe, mit anderen Menschen. Ohne Identifikationen jedoch können wir uns kaum auf das Fremde einlassen.

Jeder, der viel mit Gruppen zu tun hat, wird bestätigen, dass sich in jeder Gruppe unterschiedliche Normen herausbilden. Dieses hat mit der Zusammensetzung der Gruppe und den jeweils erworbenen Abwehrmechanismen zu tun.

Wie Gruppennormen zu blinden Flecken führen können

In einem Team eines größeren Trägers in einer stationären Wohngruppe für psychisch Kranke, welches in den letzten Jahren gewachsen ist, gibt es eine starke Norm der Selbstorganisation. Das Prinzip Augenhöhe wurde immer wieder kommuniziert – umso mehr, nachdem die Geschäftsführung aufgrund des Wachstums des Bereichs eine Teamleitung einführen wollte. In der Einrichtung arbeiten neben pädagogischem Personal Kräfte in der Hauswirtschaft und Haustechnik und Ehrenamtliche. Innerhalb des Teams gibt es Zuständigkeiten für die geringfügig Beschäftigten und Freiwilligen. Immer schon gab es Irritationen über den Mitarbeiter in der Haustechnik. Aufgrund der Kultur der Einrichtung, in der psychische Auffälligkeiten zum Alltag gehören, wurde immer wieder weggeschaut. Gleichzeitig war der Dienstälteste, von dem alle „das letzte Wort" erwarteten, für jenen Mitarbeiter in der Haustechnik verantwortlich. Er war der informelle Führer im Team – man kritisierte ihn, wenn überhaupt nur vorsichtig und er behielt das letzte Wort. Nachdem übergriffige Machenschaften des Mitarbeiters offensichtlich wurden, wurde dieses Tabu endlich besprechbar. Es gab viele Schuldgefühle aufgrund des blinden Flecks. Die Mitarbeiterinnen klagten sich selbst an, die informelle Führung mehr geschützt zu haben als die Bewohner*innen. Nach dem Ereignis und der Besprechung der Gründe für das Stillschweigen war das Team offen für eine Leitungsstruktur. „Wir hatten die ganze Zeit keine Augenhöhe – dann machen wir die Unterschiede jetzt transparent".

Wenn sich Normen in Gruppen herausbilden, so entwickeln sich auch schnell **Rollen.** Im Modell von Rechtien nach Schöpping (1982) geschieht dies in der zweiten Phase der Gruppenbildung – die wie gesagt immer wieder dann von vorn beginnt, wenn es Änderungen in der Gruppenzusammensetzung gab.

Rollen sind systemisch gesprochen Erwartungen, die an jemanden gestellt werden. Dies hängt jeweils auch davon ab, was ich erwarte, welche Erwartungen an mich gestellt werden. Die Rolle ist immer ein Teil der Persönlichkeit, bildet sie jedoch nicht ganz ab. Etliche Normen beziehen sich auch auf die Rollen, die in der Gruppe sind. Zum Beispiel ist es nicht selten, dass sich die Gruppe immer wieder auf Beiträge von bestimmten Mitgliedern bezieht, auf die von anderen jedoch nicht. Für Veränderungsprozesse in Teams ist es wesentlich, solche informellen Gruppenrollen ansprechbar zu machen, ohne Schamüberflutungen auszulösen.

Woran man typische Gruppennormen erkennen kann

- Darf es Unterschiede geben?
- Auf wen wird gehört?
- Auf wen wird nicht gehört?
- Werden stille Personen nach ihrer Meinung gefragt?
- Dürfen kritische Anfragen gestellt werden?
- Gibt es offizielle Regeln?
- Halten sich alle an Regeln?
- Gibt es Sanktionen?
- Wird bei den Sanktionen unterschieden, wer sie zu spüren bekommt und wer nicht?

In der Spur sein – Automatismen im Gehirn

Unser Gehirn ist zwar zeitlebens lernfähig, doch der Weg zu neuem Verhalten ist mit großem Energieaufwand verbunden. Die Neurowissenschaften haben herausgefunden, dass der Mensch sich gern der **automatisierten Wahrnehmungs-, Handlungs-, Emotions- und Motivationsschemata** bedient. Diese bestehen aus Erfahrungswissen und steuern unser Verhalten.

Entscheidungen über alltägliches Verhalten werden im Gehirn vom sogenannten **limbischen System** getroffen (vgl. Storch und Krause 2011; vgl. Abb. 2.4). Dieses liegt zwischen der Großhirnrinde und dem Stammhirn und steuert unsere Emotionen. Während im **Großhirn** unsere Sinne und unser Denken und Planen gesteuert wird, ist der älteste Teil des Gehirns, das **Stammhirn** oder auch „Reptilienhirn" genannt für unsere Instinkte und Reflexe zuständig.

In den tieferen Hirnschichten befindet sich unser angeborenes Wahrnehmungs- und Reaktionssystem. Dort ist das Erfahrungswissen unse-

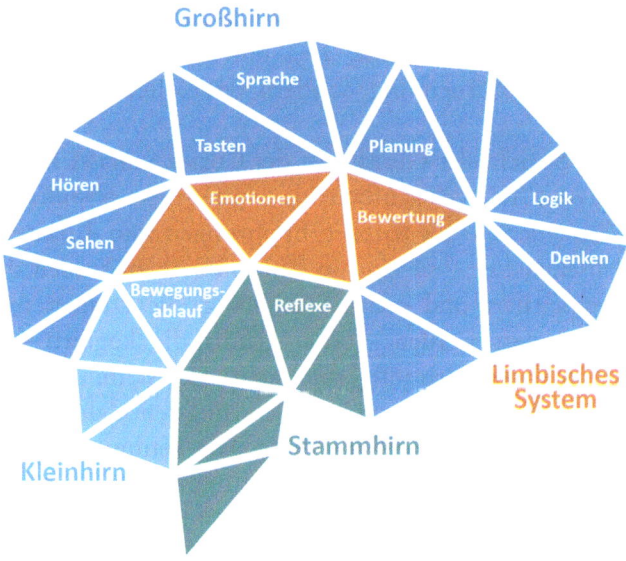

Abb. 2.4 Unser Gehirn. (Quelle: Eigene Abbildung auf der Grundlage von ©
[M] **Nick Design Studio** – stock.adobe.com)

rer Vorfahren, unser „Ahnenschatz gespeichert. Diese Ebene ist primär unbewusst und wenig beeinflussbar. Sie bestimmt unser Temperament und unsere Affekte. Die Reaktionen aus dem Stammhirn sind unwillkürlich und sehr schnell. In den ersten drei Lebensjahren kommen frühkindliche Erfahrungen, nicht zuletzt Bindungserfahrungen dazu. Die dabei entstandenen „sekundären Gefühle" werden im mittleren Teil des Gehirns gespeichert. Sie sind also nicht angeboren, sondern früh erlernt, sind jedoch so stark im emotionalen Erfahrungsgedächtnis gespeichert, dass sie ebenfalls unbewusst sind. Das liegt nicht zuletzt an der sogenannten infantilen Amnesie, der Tatsache, dass wir uns an frühkindliche Erfahrungen nicht erinnern können. Affekte wie sekundäre Gefühle äußern sich unmittelbar durch chemische Prozesse und neuronale Effekte im Körper. Die dabei entstehenden „Kennzeichnungen" oder „Markierungen" des Körpers (Soma) werden von Antonio Domasio, einem portugiesischen Neurowissenschaftler, **„somatische Marker"** genannt. Das limbische System hat die angeborenen wie frühkindlichen Erfahrungen gespeichert und entscheidet in aktuellen Situationen einzig, ob ein Verhalten aufgrund dieses Wissens psychobiologisches Wohlbefinden fördert oder behindert, also wodurch erfahrungsgemäß Lust- oder Unlustempfinden entsteht. Das limbische System kennt keine Sprache und keine Verneinung, sondern verarbeitet stets im Hier und Jetzt Bilder.

Die äußere Schicht des Großhirns, der Cortex umfasst Bewusstseinsinhalte, die zum Teil gelegentlich ins Vorbewusste absinken können. Dazu gehören einerseits die sozialen Erfahrungen vom 4. Lebensjahr bis zum Erwachsenenalter – sie sind in den limbischen Arealen der Großhirnrinde gespeichert und relativ nachhaltig. Sie können nur sozial-emotional verändert werden. Ferner gehört die kognitiv-sprachliche Ebene dazu, die uns Vernunft ermöglicht. Sie ist im Neocortex, der vorn liegenden entwicklungsgeschichtlich jüngsten Gehirnschicht, verankert und verändert sich ein Leben lang. Die Vernunft gilt als rationaler Ratgeber bei Entscheidungen. Sie wird immer dann benötigt, wenn es zur aktuellen Situation noch keine automatisierten Vorgaben gibt oder bei langfristigen Planungen, wenn z. B. Erfahrungswissen kombiniert werden muss. Allerdings reagiert der Neocortex in Entscheidungssituationen zeitlich erst nach den tieferen Hirnschichten.

Die Betrachtung im Detail zeigt, wie Lernvorgänge im Gehirn vonstattengehen. Wenn zwei Nervenzellen im Gehirn miteinander in Verbindung treten und Signale austauschen, geschieht das über Synapsen. Das Gesetz der „Hebbschen Plastizität" (Donald Olding Hebb war ein kanadischer kognitiver Psychobiologe), welches lebenslange Lernmöglichkeiten dokumentiert, besagt **„cells that fire together, wire together".** Wenn zwei Zellen gleichzeitig erregt sind, verdrahten sie sich über Synapsen. Hierbei entstehen bei Wiederholung starke sogenannte Bahnungen. Lernen ist also das Einspeichern synaptischer Übertragungsmechanismen. Je häufiger die Zellen gleichzeitig erregt werden, umso leistungsstärker ist die Verbindung zwischen ihnen. Dabei entstehen nicht nur Verbindungen zwischen zwei Zellen, sondern ganze neuronale Netzwerke. Aus den verschiedensten Hirnregionen werden Informationen zu Einheiten verbunden. Das führt dazu, dass eine einzige Information durch gelerntes Wissen ergänzt, quasi komplettiert wird. Dies ist im Hinblick auf die Schnelligkeit und Vereinfachung von Entscheidungen einerseits hilfreich, andererseits entsteht dabei auch sogenanntes **„maladaptives Wissen",** welches in der Vergangenheit aus gutem Grund gelernt, in der aktuellen Situation jedoch nicht nützlich ist.

Autopiloten und neue Handlungsmöglichkeiten erkunden

- Welche Handlungen scheinen automatisiert?
- Wie reagiert mein Gegenüber auf Ideen zu anderem Verhalten?
- Wie reagiert es auf einen anderen Sitzplatz? Auf fremde Methoden?
- Wo gibt es einen sinnvollen Ansatz, um neues Verhalten zu implementieren? Welches Verhalten scheint anschlussfähig?
- Wo ist ein attraktiver Affekt zu spüren, der das Antrainieren realistisch macht?

2.3   Inner Work als Transformationsarbeit

Dieser Begriff, der durch das Buch „New Work needs Inner Work" (Breidenbach und Rollow 2019) populär wurde, meint Arbeit an den tieferen, inneren Anteilen. Für grundlegende Neuerungen – bei Breidenbach und Rollow ging es um das veränderte Mindset bei New Work, hier geht es insgesamt um tiefgreifende Veränderungen im Sinne von Transformation – reicht eine Veränderung von Strukturen oder die Einführung neuer Methoden ohne die Veränderung von **Haltung** und **Kultur** nicht aus. Der Weg der Veränderung kann zwar von außen durch den Kontext angestoßen werden, es braucht in jedem Fall auch die Auseinandersetzung im Innern, damit Veränderung nachhaltig werden kann. Auf den Grundlagen des sogenannten AQAL-Modells von Ken Wilber gehen auch Breidenbach und Rollow davon aus, dass Veränderung von innen wie von außen beginnen kann, dass jedoch keine der Seiten unberührt bleiben darf, damit sich die Veränderung stabilisieren kann.

Inner Work heißt nach dem AQAL-Modell für Individuen Arbeit an **Haltung und Psyche,** oder wie Laloux (2015) es sagt, an Denkweisen und Überzeugungen der Menschen. Für Kollektive heißt es Arbeit an **Kultur und Kommunikation.** Gleichzeitig werden in jedem Falle auch die äußeren Faktoren wie Verhalten und Fähigkeiten ebenso von dem Prozess tangiert wie Strukturen und Prozesse. In diesem Modell sind die drei Pole des GPA enthalten – und meiner Auffassung nach kann der Zugangspol zwar auch im Außen liegen; ohne das Innen zu tangieren, wird jedoch kein Transformationsprozess gelingen. Die Außenseite des AQAL- Modells als sichtbare Seite mit Verhalten, Fähigkeiten, Strukturen und Prozessen scheint eindeutig zu sein und wir haben alle eine Vorstellung davon, was das ist. Was aber ist unter den Begriffen Haltung und Kultur zu verstehen?

Haltung – wie wir zu etwas stehen

Haltung ist ein sehr unspezifischer Begriff, der zwar gern genutzt, aber selten definiert wird. Ursprünglich kommt der Begriff aus der Physiotherapie und hat etwas damit zu tun, wie wir stehen. Im übertragenen Sinne geht es darum, wie wir zu etwas stehen. Wenn wir hier davon sprechen, bedeutet Haltung so etwas wie „Sicht auf die Dinge, insbesondere Menschen" oder „Einstellung". Vom Wort her gibt eine Haltung Halt. Es ist also etwas, woran wir uns fest-halten.

Unsere Haltung hat etwas zu tun mit unserer Bewusstheit: Sie kann sich durch zunehmende Bewusstheit verändern. Klaus Antons (2019) hat das ursprünglich aus der buddhistischen Tradition stammende Bewusstheitsrad (vgl. Abb. 2.5), welches in den frühen 1970ern von Sherod und Phyllis Miller weiterentwickelt wurde, im deutschsprachigen Raum für Gruppendynamik und Feedback weiterentwickelt und verbreitet. Demnach gibt es fünf Bewusstheitsfunktionen, die für den Umgang mit der Umwelt entscheidend sind. Eine Haltung ist gekoppelt an bestimmte Werte und das Wollen, was die **Intention** ausmacht. Bewusst oder unbewusst folgen Menschen einer Zielrichtung zur Orientierung. Wir haben eine mehr oder weniger bewusste Annahme, was richtig und falsch ist, wie etwas zu sein hat oder was woraufhin passiert. Unsere **Interpretation** ist wiederum durch unsere Vorstellungen, Gedanken und Fantasien bestimmt. Es gibt unseren Wahrnehmungen eine Bedeutung. Andersherum beeinflussen unser Denken und unser Wollen unsere **Wahrnehmung.** Das, was unseren Sinnen begegnet, unser Sehen, Hören, Riechen, Tasten, ordnen wir unserer Haltung entsprechend ein. Unser **Fühlen,** das, was wir spüren, empfinden und erleben, hat viel mit unserem Denken, unserem Wollen und unserer Wahrnehmung zu tun: Wir fühlen uns dann z. B. wohl, wenn unsere Wirklich-

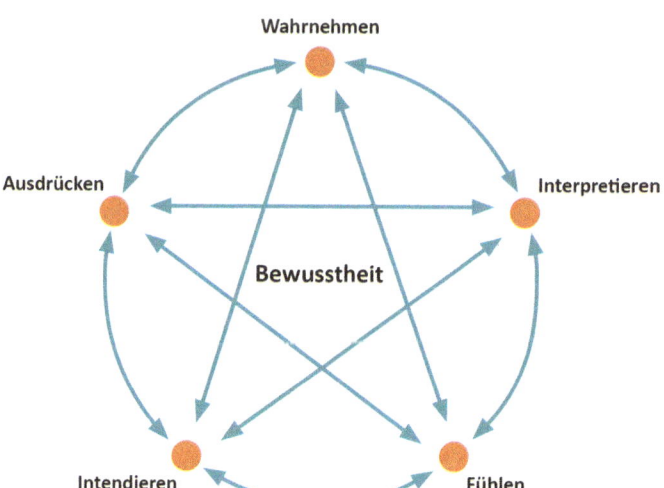

Abb. 2.5 Das Bewusstheitsrad. (Quelle: Antons 2019, S. 136, mit freundlicher Genehmigung von © hogrefe 2023. All Rights Reserved)

keitskonstruktion mit unserem Denken übereinstimmt. Wir haben unangenehme Gefühle, wenn das, was uns begegnet nicht unserer Intention entspricht. Dieses bildet die Grundlage für unsere Entscheidungen in dem, wie wir handeln. Dieses „Sich **ausdrücken**" wiederum wirkt nicht nur auf uns selbst zurück, sondern in besonderem Maße auf unsere Umwelt und Interaktionen. Unsere Haltung spiegelt sich in allen fünf Aspekten unserer Bewusstheit.

Mit einem größeren Bewusstsein für diese fünf Bereiche, wächst und reift auch meine Haltung. Das Bewusstheitsrad kann gut als Reflexionsfolie im Transformationsprozess dienen. So kann ich z. B. am Beginn und am Ende der Beratung im Hinblick auf das Anliegen die fünf Funktionsbereiche mit Inhalt füllen und die Veränderungen betrachten.

An dieser Stelle nehme ich gern die größere Komplexität der fünf Elemente im Vergleich zu den hier gern genommenen drei Dimensionen des GPA, weil die Wahrnehmung und das Wollen als wesentliche Elemente zusätzlich hervorgehoben werden. Gerade das Wollen wie auch die Wahrnehmung werden oft als Konstante genommen. Die Wahrnehmung wird als Wirklichkeit gesehen. Das Wollen im Sinne eines Ziels scheint oft unantastbar, dabei ist es in Transformationen wesentlich, gerade das Ziel, das Wollen einmal zu hinterfragen.

Die Haltung eines Individuums hat jeweils eine Entstehungsgeschichte. Aus den früheren wie späteren insbesondere emotionalen Erfahrungen haben sich bestimmte Schemata entwickelt. Einige Haltungen dürften sich tradiert haben, um die **Zugehörigkeit und Bindung** zur Familie nicht zu gefährden. Andere Haltungen haben sich aus den Erfahrungen entwickelt, wie man **Unlust vermeidet** oder **Lust gewinnt.** So kann es sein, dass jemand oftmals das Bedürfnis nach **Selbstwerterhöhung** unterdrückt hat, weil sie dafür bestraft wurde. Es könnte sein, dass jemand **Selbstwertschutz** erfahren, indem sie auf **Kontrolle** im Sinne von Selbstwirksamkeit und Autonomie verzichtet hat. Auch das Maß und die Art und Weise der erfahrenen **Orientierung** ist wesentlich für die Bildung von Haltung. Hier wird schon deutlich, dass manche Bedürfnisbefriedigungen im Widerspruch standen und es in der Vergangenheit eine Rechnung gegeben hat im Sinne von „Unterm Strich am befriedigsten", bei der einige Bedürfnisse kurz gekommen sind – und durch die Stabilisierung des Verhaltensmusters immer noch sind.

Es geht bei Inner Work bei Individuen also nicht zuletzt um Arbeit am bisherigen oft unbewussten Vermeidungsverhalten. Jenes Verhalten, welches aus gutem Grund vermieden wurde, weil es mit Unlust- bzw. Schmerzerfahrungen verbunden wurde. Die Arbeit am Inneren als Bewusstheitsarbeit braucht einen erweiterten Blick durch Beobachtung von außen – dazu mehr und gebündelt in Abschn. 4.3.1.

Kultur – wie wir unseren Lebensraum gestalten
Inner Work heißt für soziale Systeme, an Kultur und Kommunikation zu arbeiten. Die Kultur eines Teams oder einer Organisation, ja eines ganzen sozialen Raumes korreliert mit der Haltung einzelner Menschen. Systemisch gesprochen kommt hier wiederum die Kopplung von sozialem und psychischem System zum Zuge (vgl. Abb. 2.1). Die Kultur eines Systems reguliert das Verhalten Einzelner. Entsprechend suchen sich Menschen Organisationen aus und umgekehrt. Die Kulturhintergründe der psychischen Systeme haben Auswirkungen auf die Kultur, was insbesondere bei interdisziplinären oder interkulturellen Teams sichtbar wird. Andersherum bewirkt die Zugehörigkeit zu einem System und die Ansammlung vieler Wirklichkeitsverarbeitungen innerhalb eines Systems die Stabilisierung von Haltungen des Individuums. Die Einzelnen festigen durch ihre der Kultur entsprechenden Haltungen und dem daraus folgenden Verhalten wiederum die Kultur. Bei all dem ist der Kontext und die Aufgabe, die man miteinander bewältigt äußerst prägend. Was aber ist Kultur? Ich folge hier Peter Kruse (2020):

> „Kultur ist die Summe der Regeln, Werte und Absprachen, denen Menschen bewusst oder unbewusst folgen, um einen Lebensraum zu gestalten, in dem geordnetes gemeinsames Handeln möglich ist. [...]" (Kruse 2020, S. 21).

Kultur ist also sinnvoll und kennzeichnet die Systemgrenze eines Systems. Anders gesprochen definiert Kultur, was und auch wer dazu gehören kann und was bzw. wer nicht. Das Verhaltensspektrum der Einzelnen wird dadurch reduziert. Das führt zu Sicherheit und bewirkt Handlungsfähigkeit. Gleichzeitig bestätigen die Einzelnen in ihrem Verhalten wiederum die Kultur. Somit ist Kultur vom Prinzip her eine relativ stabile Größe – und sollte um der Überlebensfähigkeit Willen eine **dynamische Stabilität** aufweisen. Doch dazu später mehr.

Oesterreich und Schröder (2020) beziehen sich auf Edgar Schein, wenn sie drei Ebenen von Kultur unterscheiden:

Sichtbares Verhalten und alltägliche Artefakte Da sind zum einen die sichtbaren oder wie auch immer durch die Sinne wahrnehmbaren Handlungen bis hin zu greifbaren Ausstattungen eines Kollektivs. Das ist sowohl die Art wie man miteinander umgeht, als auch, welches Auto man fährt, welchen Sprachcode man nutzt, wie man sich kleidet bis dahin, wem man welchen Status einräumt.

Öffentlich propagierte Werte (Präsentation) Ferner nennt Schein die öffentlich postulierten Werte, die z. B. in einem Leitbild festgehalten sind. Sie dienen im Prozess wie in der Veröffentlichung der Aufmerksamkeitsfokussierung.

Gemeinsam erlernte Werte und Überzeugungen (Hinterbühne) Sehr wirksam ist die dritte Ebene, die unausgesprochene, gemeinsam erlernte Annahmen enthält. Sie werden subtil in Narrativen deutlich. Die Ausführung dieser Kulturebene ist wie ein ungeschriebenes Gesetz.

Gerade den letzten Teil betont Stefan Kühl (2017). Eine Kultur besteht aus Erwartungsstrukturen, die bei weitem nicht nur durch die Formalstruktur gegeben sind, wie z. B. das morgendliche Standup-Meeting, sondern vor allem durch informelle Gegebenheiten und Gewohnheiten, wie z. B. die Informationsvermittlung an der Kaffeestation. Allerdings ist es so, dass sich die formellen Strukturen auf die informelle Kultur auswirken.

Die Ebene des sichtbaren Verhaltens und der Hinterbühne hängen oft eng zusammen, wenn z. B. bestimmte Rituale regelmäßig durchgeführt werden. Ein Beispiel für ein Ritual ist die Sitzordnung bei einem Meeting, welche gleichermaßen unausgesprochen Statusverhältnisse dokumentiert. Rituale haben ordnende Kräfte und eine starke Macht im System.

Solange die praktizierten Spielregeln nicht bewusst und hinterfragt werden, bleibt die Kultur stabil.

Für soziale Systeme ist Inner Work also die Arbeit an der Kultur – des Teams oder der Organisation.

Die Richtung von Haltungs- und Kulturentwicklung
Transformationen haben eine zwar nicht festgelegte inhaltliche aber dennoch eine prinzipiell strukturelle Richtung. Es geht um ein MEHR an Möglichkeiten, ein MEHR an Annehmenkönnen, ein größeres Bewusstsein für sich selbst und seine Umwelt – sowohl für die Menschen als auch die globale Welt. Die damit verbundenen höheren **emotionalen Fähigkeiten** korrespondieren mit einer differenzierteren, aber auch **widerspruchsfähigeren Sprachfähigkeit.** Wenn ich dies schreibe, folge ich im groben der Theorie der Ich-Entwicklung von Thomas Binder (2016).

Forscher unterschiedlichster wissenschaftlicher Richtung haben sich mit der Frage beschäftigt, wie sich einzelne Menschen, aber auch wie sich die ganze Menschheit entwickelt hat. Bei dieser Entwicklung handelt es sich um eine qualitative Veränderung von einer zur nächsten Stufe im Sinne vertikaler Entwicklung (vgl. Abschn. 2.1.2). Von einer Stufe zur nächsten verändert sich die Struktur dessen, wie eine Person sich selbst, andere und die Welt insgesamt interpretiert und durch das Leben navigiert.

Die Modelle der Reifegrade sind einerseits faszinierend. Gleichzeitig ist für mich wesentlicher als die – in der Regel langwierige – Entwicklung von einer Stufe oder Haltung zur genau definierten nächsten Stufe, die generelle Entwicklung in Richtung **Möglichkeitserweiterung.** Habe ich meine Haltung – und damit mein Bewusstsein – erweitert, so kann ich sowohl die alten wie auch die neueren Perspektiven je nach Kontext und Bedarf einnehmen. Per Definition ist in der Ich-Entwicklung eine Transformation vollzogen, wenn ich von einer klar definierten Stufe zu einer nächsten gelangt bin. Meines Erachtens geschehen auf dem Weg von einer Stufe zur nächsten viele kleine Micro-Transformationen, die immer an den Stellen stattfinden können, wo sich gerade die Herausforderungen des Lebens und der Arbeit befinden. Verbunden sind diese Entwicklungen auch mit zwischenzeitlichen Regressionen. Die einzelnen Stufen legen eine Bewertung von „reifer" oder „weniger reif" nahe. Ohne die einzelnen Stufen hier zu beschreiben, nenne ich ein Merkmal sehr hoher Reife: die Nicht-Bewertung von Unterschieden überhaupt und damit auch der Menschen unterschiedlichen Reifegrads. Dieser Wert ist mir ebenso wichtig, wie die Richtung von Transformation, die nicht nur Erfolg wahrscheinlicher macht, sondern **menschliche Reife** und damit eine **höhere Lebens- und Arbeitsqualität** mit sich bringt:

- Es gibt ein Mehr an Freiheit und Sicherheit
- Es gibt ein Pendeln zwischen Orientierung am Ich und Orientierung am Wir
- Dadurch gibt es nach und nach ein Mehr sowohl an Autonomie als auch an Zugehörigkeit
- Dadurch wird die Transzendenz, die Überschreitung des Ichs immer mehr möglich – der Blick weitet sich zunehmend

---

Die Führungskraft, die loslassen lernte

Eine Führungskraft, drei Jahre vor der Rente stehend, führt ein kleines Team relativ junger Leute. Sie selbst hatte vor zwei Jahren die Führung übernommen, als ihre nur wenig ältere Kollegin relativ plötzlich an Krebs starb. Sie hat für sich den Auftrag angenommen, das Team in ihrem Sinne weiterzuführen. Es steht nun an, die Übergabe vorzubereiten, Dinge zu delegieren, die jungen Leute fit zu machen für die anstehende Verantwortung. Sie spürt am eigenen Leib die Überforderung, die in diesem Auftrag steckt. In der Beratung hat sie schon oft Glaubenssätze formuliert, dass nicht alles von ihr abhängt. Immer jedoch, wenn sie etwas delegiert hat, hat sie das umso mehr unter Stress gesetzt, weil sie die Verantwortung nicht losgelassen hatte. Durch eine eigene Krankheit jedoch, 6 Wochen Zwangspause, musste sie die Verantwortung loslassen und es entwickelte sich in dem kleinen jungen Team eine hohe Selbstorganisation. Aus der Krankheitsphase zurück, konnte die Delegation des Auftrags durch die verstorbene Führungskraft umgeformt werden. Sie konnte die Verantwortung abgeben und es entwickelte sich eine ganz neue Art von Führung.

Auf das GPA- Dreieck geschaut weist dieses Beispiel darauf hin, dass nicht allein die Erkenntnis im Sinne eines Glaubenssatzes ausreichte. Auch genügte nicht das prinzipielle Vertrauen in die Teammitglieder – es brauchte den Zugang über den Pol des Handelns, der Struktur, der

Praxis, damit diese starke Delegation wirklich aufgelöst werden konnte. Gleichzeitig – und das ist Inner Work im Sinne zunehmender Bewusstheit – brauchte es auch die Auseinandersetzung mit der Delegation durch die alte Führungskraft und ein klares Formulieren: Wir machen das jetzt anders! Wir teilen uns Verantwortung! Diese zunehmende Freiheit ist die Entwicklungsrichtung. Über welchen Pol des GPA ich in die Transformationsarbeit, die Inner Work einsteige, ist die Frage danach, welcher Zugang gerade möglich und dran ist. Am Ende werden alle Pole berührt sein.

> **Was ist in diesem Sinne Inner Work?**
> Inner Work ist die Arbeit an Haltungen und Kulturen. Sie fokussiert auf alte Denk- und Handlungsgrenzen, die vorerst unbewusst, unausgesprochen oder unantastbar sind. Darum ist Inner Work in der Regel mit Beharrungstendenzen und Widerständen verbunden. Inner Work erweitert unsere Bewusstheit mit den Funktionen von Wahrnehmung, Denken, Fühlen, Wollen und Tun. Es bewirkt eine Zunahme an innerer Freiheit und äußeren Möglichkeiten – nicht zuletzt im Miteinander.

Literatur

Antons K (2019) Praxis der Gruppendynamik: Übungen und Modelle. Hogrefe, Göttingen

Binder T (2016) Ich-Entwicklung für effektives Beraten. Vandenhoeck & Ruprecht, Göttingen

Boszormenyi-Nagy I und Spark G M (1981) Unsichtbare Bindungen. Die Dynamik der Familie. Klett-Cotta, Stuttgart

Bourdieu (1982) Die feinen Unterschiede. Kritik der gesellschaftlichen Urteilskraft. Suhrkamp, Frankfurt a. M.

Breidenbach J, Rollow B (2019) New work needs inner work. Vahlen, München

Dannemiller Tyson Associates (2012) Whole-scale change. Unleashing the magic in organizations. Berret-Koehler Publishers, San Francisco

Douglas M (1986) Ritual, Tabu und Körpersymbolik. Sozialanthropologische Studien in Industriegesellschaft und Stammeskultur. Fischer, Frankfurt a. M.

Erdheim M (1997) Die gesellschaftliche Produktion von Unbewusstheit. Eine Einführung in den ethnopsychoanalytischen Prozess. Suhrkamp, Frankfurt a. M.

Freud S (2000) Studienausgabe. Diverse Bände. Fischer, Frankfurt a. M.

Hütter F (2018) Stabilität und Veränderung aus neurobiologischer Perspektive. In: Klinkhammer M, Hütter F, Stoess D, Wüst L: Change happens. Veränderungen gehirngerecht gestalten. Haufe, Freiburg

Kline N (2016) Time to think. Rowohlt Verlag, Reinbek bei Hamburg, Zehn einfache Regeln für eigenständiges Denken und gelungene Kommunikation

Kruse P (2020) next practice. Erfolgreiches Management von Instabilität. Veränderung durch Vernetzung. Gabal, Offenbach

Kühl S (2017) Organisationskultur. Eine systemtheoretische Anwendung von Ockhams Rasiermesser. Working Paper 7/2017. https://www.uni-bielefeld.de/soz/personen/kuehl/pdf/Kuehl-Stefan-Working-Paper-7_2017-Organisationskultur-Eine-systemtheoretische-Bestimmung-.pdf. Zugegriffen: 30 Apr 2023

Laloux F (2015) Reinventing organizations. Ein Leitfaden zur Gestaltung sinnstiftender Formen der Zusammenarbeit. Vahlen, München

Luhmann N (1997) Soziale Systeme. Grundriß einer allgemeinen Theorie. Suhrkamp Taschenbuch, Frankfurt a.M.

Mentzos S (1988) Interpersonale und institutionalisierte Abwehr. Suhrkamp, Frankfurt a. M.

Möller H, Pühl H (2001) Organisationsberatung als lebendige Ethnopsychoanalyse. In: Theorie und Praxis psychoanalytischer Supervision, Oberhoff B und Beumer U (Hrsg) Votum, Münster

Oesterreich B und Schröder C (2020) Agile Organisationsentwicklung. Handbuch zum Aufbau anpassungsfähiger Organisationen. Vahlen, München

Schöpping HG (1982) Gruppenleitung und gruppeneigene Führung: Praxistheoretische Modelle für methodisches Arbeiten mit Gruppen. Verlag Haus Schwalbach, Wiesbaden

Seliger R (2022) Systemische Beratung der Gesellschaft. Strategien für die Transformation. Carl-Auer, Heidelberg

Stierlin H (1978) Delegation und Familie. Beiträge zum Heidelberger familiendynamischen Konzept. Suhrkamp, Frankfurt a. M.

Storch M, Krause F (2011) Selbstmanagement – ressourcenorientiert. Grundlagen und Trainingsmanual für die Arbeit mit dem Zürcher Ressourcen Modell (ZRM). Huber, Bern

Storck T (2021) Abwehr und Widerstand. Kohlhammer, Stuttgart

SWF Seminarunterlagen o. J. Simon Weber and friends

Thier K (2016) Storytelling. Eine Methode für das Change-, Marken-, Projekt- und Wissensmanagement. Springer, Berlin

Vogler C (2018) Die Odyssee der Drehbuchschreiber, Romanautoren und Dramatiker. Mythologische Grundmuster für Schriftsteller. Autronenhaus, Berlin

Voß E, Würtemberger S (2023) Vielfalt im Employee Lifecyle. Diversity Management in HR-Prozessen. Springer Gabler, Wiesbaden

Wellhöfer PR (1993) Gruppendynamik und soziales Lernen. Theorie und Praxis der Arbeit mit Gruppen. Enke, Stuttgart

ZDF (2019) https://www.zdf.de/funk/kurzgesagt-11090/funk-wie-dumme-einzelteile-zusammen-intelligent-werden---emergenz-100.html

3

Vertrauen – Der Boden unserer Arbeit

Schauen wir auf das Glaubenspolaritätenschema, so kommen wir über den Pol des Wissens und der Erkenntnis zum Pol des Vertrauens. Dass wir selbst als Begleiter von Transformationsprozessen, sei es als Berater oder Führungskraft, Vertrauen in das Gelingen des Prozesses haben, ist wesentliche Grundlage.

Der Pol des Vertrauens ist der Pol der Verbindung, der Gemeinsamkeiten also ein Pol der **„Hin-zu-Bewegung"**. Im Prozess der Transformation ist dieser Pol, der eher emotionale Aspekte beinhaltet, absolut unumgänglich. Im Wortfeld dieses Pols finden wir neben dem zentralen Begriff des Vertrauens auch die Emotion, das Mitgefühl, die Wertschätzung, das Fühlen, das Miteinander, die Hoffnung, die Begegnung und sogar die Schönheit. Es ist das Hingezogensein zu dem Prozess als solchem. Die Aspekte dieses Kapitels sind Grundlagen für Veränderungs- und Lernprozesse im Allgemeinen – und für Transformationsprozesse im Besonderen.

Schauen wir uns in diesem Kapitel zunächst an, was Vertrauen überhaupt ist und auf welchen Ebenen es eine Rolle spielt. Dabei blicken wir auf die Gefühle und Bedürfnisse, die es im Transformationsprozess nötig machen, Vertrauen herzustellen. In Teilabschnitt 3.2 finden wir

A. Hötger, *Mut zu Inner Work – die Hindernisse zur Transformation überschreiten*, https://doi.org/10.1007/978-3-662-68194-7_3

dann – auf dem Weg zum Pol der Handlung – erste Handlungsgrundlagen für Interventionen: Wie man Psychologische Sicherheit herstellt, die Angst vor dem Unvertrauten mildert und den Fokus auf eine sinnvolle Zukunft richtet.

3.1   Was wir unter Vertrauen verstehen

Grundsätzlich gibt es drei Arten von Vertrauen als Ressourcen gegen eine hinderliche Angst.

Wir können Vertrauen differenzieren in Vertrauen uns selbst gegenüber, anderen Menschen und sozialen Systemen gegenüber und in Situationen oder gar das Leben überhaupt.

Das Vertrauen in uns selbst ist gleichzusetzen mit dem Vertrauen in unsere eigenen Kompetenzen und das Vertrauen in unsere Absprachen mit uns selbst. Es wächst, wenn wir möglichst viele Probleme in unserem Leben schon selbst gelöst haben. Das Erleben von **Selbstwirksamkeit** ist wesentlich, um dieses Vertrauen zu erwerben. Es hilft also niemandem, wenn ihm oder ihr die Probleme aus dem Weg geräumt werden, denn dann ist dieses Selbst-Vertrauen nicht erlernbar. Unser Gehirn braucht praktische Erfahrung, um das Erleben von Selbstwirksamkeit abzuspeichern.

Das Vertrauen in andere Menschen wächst, wenn wir uns auf sie verlassen können und – das betont Hüther immer wieder – wenn wir uns in der Verbindung mit anderen entfalten dürfen. Denn wir suchen nach der **Gleichzeitigkeit von Bindung und Wertschätzung,** von Zugehörigkeit und Autonomie. Wenn wir nur dazu gehören, wenn wir uns bedingungslos anpassen, dann kostet das irgendwann viel Energie, weil das Bedürfnis nach Autonomie nicht gestillt also inkohärent bleibt. Vertrauenswürdig wird nach Hütter (2018, S. 211) jemand eingeschätzt, der a) Kompetenz vermittelt, b) Interesse an meiner Person zeigt und c) das eigene Interesse mit verdeutlicht. Wir vertrauen also jemandem umso mehr, wenn er sagt, welche eigenen „Aktien" er in der Begegnung mit uns mit im Spiel hat – sonst müssen wir spekulieren, welchen Gewinn er sich erhofft.

Die dritte Ressource ist das **Vertrauen, in dieser Welt seinen Platz zu haben** und aufgehoben und verbunden zu sein. Dazu mehr in Abschn. 5.1.4.

3.1.1 Verhindern lähmender Gefühle

Wenn wir Vertrauen schaffen, verhindern wir damit lähmende Gefühle. Ich beschreibe hier lähmende Angst und Schamgefühle, um ein Bewusstsein für die Mechanismen zu schaffen, die Veränderungen unterbinden – mit dem Ziel, diese Realitäten bei allen Interventionen im Hinterkopf zu behalten.

Lähmende Angst bzw. Distress
Ohne Angst können wir nicht überleben. In Studien wurde herausgefunden, dass bei Beschädigung der Amygdala im Gehirn, welche für die schnelle Bewertung von Situationen zuständig ist und für die entsprechende Ausschüttung von Stresshormonen sorgt, Menschen sich lebensgefährlichen Situationen ausliefern. Angst mobilisiert in uns eine Notfallreaktion, die unser Überleben sichern soll. Auslöser für Angst ist manchmal direkt die Wahrnehmung einer Situation, meistens jedoch die Bewertung eines Ereignisses durch die gedankliche oder intuitive Vorwegnahme der Folgen des Ereignisses. Diese komplexere Bewertung geschieht über den Weg der für die Gedanken zuständigen Frontallappen im Gehirn. Wird eine Diskrepanz zwischen dem, was wir erhoffen und was wir erleben wahrgenommen, so kommt es zu einer unspezifischen Erregung – das Kennzeichen von Stress.

Dabei wird verstärkt Adrenalin in unseren Blutkreislauf ausgeschüttet, welches unseren gesamten Stoffwechsel verändert: Anstieg des Blutdrucks, Schwitzen, erhöhter Muskeltonus. Insgesamt kommt es zur Aktivierung des Organismus. Es wird mehr Energie bereitgestellt, um eine Lösung zu finden. Mit dem nötigen Gefühl von Selbstwirksamkeit wird dies gelingen und es kommt zur Ausschüttung von Dopamin und damit einem Lerneffekt, der sich im Gehirn auswirkt. Soweit der positive Effekt von Angst und Stress.

Wird aus der Erregung jedoch eine **Übererregung,** dann ist das Frontalhirn nicht mehr in der Lage „handlungsleitende Muster" zu aktivieren (vgl. Hüther 2020, S. 13). Bei Panik oder Dauerstress, wenn es also nicht zum Glücksmoment des Erfolgs kommt, wird ein zweites Stresssystem hinzugeschaltet, welches Cortisol ausschüttet. Cortisol führt dann zu negativen Folgen, wenn es akut oder dauerhaft „überdosiert" wird (vgl. Hütter 2018, S. 276).

Nun erleben wir Angst nicht nur bei akuter Lebensgefahr. Angst erleben wir ebenso, wenn unsere psychologischen Grundbedürfnisse nicht gesichert sind. Neurowissenschaftlich ist beispielsweise nachweisbar, dass Ausschluss aus der Zugehörigkeit und Einsamkeit direkt auf das Schmerzzentrum wirken. Sind die Grundbedürfnisse massiv gefährdet oder aber Lösungsversuche wiederholt gescheitert, führt das Cortisol zu Nebenwirkungen. Wir steigen mit zunehmender Annahme von Gefahr sukzessive immer tiefer in die alten Hirnschichten ein:

Stufe 1: Bewährtes Verhalten Der Präfontale Cortex, der für das Setzen von Zielen, die Planung der Umsetzung und die Reflexion möglicher Konsequenzen zuständig ist, verträgt das Cortisol nicht. Es behindert die kognitive Verarbeitung von Informationen, analytisches Denken und Kreativität. Wir verfallen also in alte. bewährte Muster, die bereits gut gebahnt sind. Die sind jedoch für neue Situationen denkbar unbrauchbar. Die Erregung steigt weiter.

Stufe 2: Regression in kindliche Muster Schutzmechanismen, von denen wir im zweiten Kapitel bereits gehört haben, treten bei Stress und Angst auf. In Organisationen kennen wir vor allem zwei Gesichter der Regression in kindliches Verhalten: a) in die Anpassung und b) in die Rebellion. Daneben gibt es noch eine andere Möglichkeit: die der Zerstreuung, des Nicht-Ernstnehmens. Dies sind Bewältigungsstrategien des limbischen Systems. Findet sich immer noch keine Lösung, so kommt es zu Stufe 3.

Stufe 3: Reptilienreaktionen Inzwischen sind wir im Hirnstamm angelangt. Der älteste Bereich des Gehirns, das Stammhirn, hat nur die drei Verhaltensoptionen: a) Angriff, b) Flucht und wenn beides nicht geht, dann c) Starre. In der Arbeitswelt finden wir diese Verhaltensweisen in Form von a) Konflikt und Eskalationen, b) inneren oder realen Kündigungen oder Krankschreibungen und c) z. B. Depression.

Auf Dauer wirkt Cortisol wie ein Nervengift und lähmt den Hippocampus, der uns lernen lässt und neues Erleben vom Kurz- ins Langzeitgedächtnis überführt. Ist jemand dauerhaft gestresst, so ist er tatsächlich nicht in der Lage, Veränderungsschritte mitzugehen.

Was heißt das für uns als Begleiterinnen von Transformationsprozessen?

Eine hohe Stressreaktion ist absolut hinderlich. Es gilt also blockierende Angst zu vermeiden und positiven Stress im Sinne einer erwartungsvollen Erregung (vgl. Abschn. 2.1.1) zu erzeugen oder zu halten, um so bereit für Kreativität und Neues zu sein (vgl. Abschn. 3.1.4).

Schamüberflutung

Das Gefühl von Scham ist auch eine Art von Stress, dem wir unterworfen sind. Ähnlich wie bei der Angst, versuchen wir dieses unangenehme Gefühl durch Schutzmechanismen abzuwehren. Wodurch unterscheidet sich Scham dennoch von der Angst?

Angst kann ich als Säugling bereits empfinden. Scham hingegen erst, wenn ich mir meiner selbst bewusst bin. Angst habe ich vor dem Außen – Scham empfinde ich vor mir selbst. Ich schäme mich – in Anbetracht des Außen.

Scham hat einerseits eine wichtige positive Bedeutung der Sozialisation. So lernen wir z. B. durch das Schamgefühl, das zu schützen, was verletzlich ist. Wir übernehmen selbst die Verantwortung dafür, was wir von uns zeigen möchten. In unserer Sozialisation lernen wir ferner durch Anpassungs-Scham (vgl. Marks o. J.), welche Erwartungen und Normen in einer Gruppe von Menschen herrschen. Ohne eine gewisse Anpassung an eine Gruppe erfahren wir keine Zugehörigkeit. Wir schämen uns ferner, wenn wir uns selbst und unserem Wertesystem etwas schuldig geblieben sind. Diese Scham nennt Marks „Gewissensscham". Diese hütet unsere Integrität, also das Gefühl, sich selbst treu zu bleiben. Diese drei Beispiele zeigen, dass ein gesundes Schamgefühl in unserer Entwicklung eine wertvolle Hüterin von Schutz, Zugehörigkeit und Integrität ist – drei wichtige psychologische Bedürfnisse. Die Scham wird geweckt durch eine Rückmeldung von außen. Als Kind nehmen wir diese bereits durch die Blicke unserer wichtigsten Bezugspersonen wahr. Erleben wir gleichzeitig die nötige Anerkennung der Bezugspersonen, kann sich eine gesunde Scham entwickeln.

Eine korrigierende Rückmeldung von außen, die nicht gleichermaßen mit Anerkennung gepaart ist, führt jedoch schnell zu einer Überflutung von Scham. Auch eine radikale Nicht-Beachtung einer Person ist eine Beschämung. Haben wir dies in der Kindheit in besonderer Weise erlebt, so kommt es zu einer pathologischen Scham, die uns in „abgrundtiefe Verzweiflung und Panik" (Marks o. J.) geraten lässt. Wir wollen im Erdboden versinken.

Um uns vor Scham zu schützen, bedienen wir uns, wie bei der Angst, unserer **Schutzmechanismen.** Wahrscheinlich kennen Sie solche Reaktionen: Um die eigene Scham nicht spüren zu müssen, werden andere beschämt. Dies kann durch Projektion (Du bist nicht O.K.), Arroganz (Überwindung eigener Scham durch protziges oder unverständliches Auftreten, welches andere in Selbstzweifel und Scham hinterlässt), Trotz, Wut und Gewalt (wandelt eigene Ohnmacht und Scham in Macht über andere, die sich für ihre Kleinheit schämen müssen) geschehen, ebenso wie durch Anpassung (unsichtbar machen, sodass ich mich nicht schämen muss), Ehrgeiz (der Versuch, keine Fehler zu machen) oder emotionale Erstarrung (der Schutz, des Nicht-mehr-Fühlens).

In Transformationsprozessen spielt Scham in sozialen Systemen eine große Rolle. Wir befinden uns in einer unsicheren Situation, in der wir nicht absehen können, welche Lösung sich finden wird. Da geraten wir schnell in den Zwiespalt zwischen einer Fehlerfreundlichkeit, die jedoch gleichzeitig gefährlich werden kann, wenn ich nicht sicher bin, ob ich für meine Fehlschläge abgewertet oder einfach ignoriert werde. Auch verlangt Kreativität, dass man sich zeigt, indem man z. B. Neues ins Spiel bringt – gleichzeitig ist dies jedoch gefährlich, wenn ich nicht weiß, ob dies anerkannt wird.

Als Begleiterin von Transformationsprozessen ist das Wissen um die Scham und die mögliche Überflutung durch sie besonders relevant. Gerade, wenn klar ist, dass alte Glaubenssätze und Normen nicht mehr tauglich sind, gilt es, mit und an diesen zu arbeiten. Dabei ist es wahrscheinlich, dass eine Überwindung des Alten vorerst zu Scham führt. Ein Verharren in Schutzmechanismen jedoch führt jedoch nicht zu einer wirklichen Transformation – allenfalls zu einer Fassade.

Solange die Scham tabuisiert ist, wird es schwer möglich sein, einen konstruktiven Umgang damit zu finden. Den Sinn der Scham zu erkennen und die **Scham aus der negativen Bewertung zu holen** ist dann hilfreich. Wie wollen wir sonst lernen, mit dem Unperfekten, dem Nicht-Gelingen, dem Scheitern, den Fehlern umzugehen? Wir brauchen die Akzeptanz der Realität. Die Verschleierung von Fehlerhaftem beinhaltet immer auch eine soziale Entfremdung, verhindert Kontakt, da wir unsere Schwächen dann schönen müssen. Daniel Hell schreibt:

„Scham setzt gerade dadurch eine Entwicklung in Gang, dass sie den erfahrenen Mangel nicht aufhebt, sondern bewusst macht." (Hell 2018, S. 120).

Gleichzeitig sollten wir – und das wird weiter unten beim Thema der psychologischen Sicherheit in Abschn. 3.1.4 deutlich, bewusste Beschämungen und Erniedrigungen durch andere und uns selbst unterbinden.

Alles in allem ist es wichtig, bei aller Kritik die Anerkennung des Menschen durch den wohlwollenden Blick nicht zu vergessen. Wenn wir es schaffen, ein vertrauensvolles Umfeld zu schaffen, in dem vorhandene Scham z. B. über Scheitern thematisiert und ausgehalten wird, ist oft ein wirklicher Durchbruch zu Neuem möglich (vgl. Abschn. 3.2.3).

3.1.2 Reduktion von Komplexität – und eine riskante Vorleistung

Nach Niklas Luhmann (2014) ist uns Menschen Vertrauen grundsätzlich zu eigen. Ohne Vertrauen würden Angst und Chaos herrschen. Vertrauen ermöglicht uns einen Umgang mit der Komplexität insbesondere der sozialen Möglichkeiten und eröffnet uns damit ein Erleben und Handeln, welches wir andernfalls unterlassen würden.

Vertrauen unterscheidet sich von Vertrautheit. Vertraut ist uns etwas, was wir in der Vergangenheit bereits erlebt haben. Wir orientieren uns an dem, was wir bereits erlebt haben und unterstellen, dass sich das Vergangene in der Zukunft wiederholen bzw. fortsetzen wird. Wir alle leben mit dieser Vertrautheit – unser Gehirn baut entsprechend Wege und lässt uns so Energie sparen. Wenn wir jedoch davon ausgehen, dass das Vertraute sich in die Zukunft verlängert, dann ist Unerwartetes, Neues und Fremdes erst einmal nicht vorgesehen.

Vertrauen richtet sich auf die Zukunft. Der große Unterschied zur Vertrautheit ist der **Einbezug des Risikos.** Beim Vertrauen beziehe ich mich zwar immer auch auf meine vertrauten Erfahrungen und ich tue so, als gäbe es in der Zukunft nur bestimmte Möglichkeiten. Doch gleichzeitig weiß der Vertrauende, dass die Zukunft sich nicht einfach aus der Vergangenheit ergibt, sondern etwas unbekanntes Neues enthält. Damit geht er in eine „riskante Vorleistung" (Luhmann 2014, S. 30), indem er seine Entscheidung trotz des Risikos auf seine vertrauensvolle Erwartung ausrichtet.

Jemand, der meint, sicher zu wissen, wie es ausgeht, nimmt psychologisch großen Schaden, wenn er enttäuscht wird. „Unsichere Erwartungen sind, so paradox das zunächst erscheinen mag, psychologisch stabiler" (Luhmann 2014, S. 91). Ich muss also den Widerspruch aushalten, dass ich vertraue, obgleich ich unsicher über den Ausgang bin. Vertrauen braucht also Mut und die Ressourcen mit einer möglichen Enttäuschung umzugehen. Je öfter ich vertraue, umso eine größere Grundlage des Vertrauten habe ich, um weiter vertrauen zu können.

Praktisch geschieht Vertrauen einerseits durch **Gefühlsbeziehungen.** Allerdings ist dies in komplexen Organisationen nicht immer möglich und auch oft nicht funktional, da Vertrauen dann individualisiert wird. Die andere Möglichkeit, Vertrauen herzustellen ist der Weg über die **„Sicherheit der sozialen Selbstdarstellung"** (Luhmann 2014, S. 46 f.) also per Kommunikation, z. B. über Narrative ein Bild zu entwerfen, bei dem die Selbstdarstellung für die Zuschauer stimmig ist. Dies gilt sowohl für Menschen als auch für Organisationen und Organisationseinheiten. Verdichtet finden wir solche Narrative oft in Werbeslogans z. B. von Versicherungen.

Für Transformationsprozesse ist Vertrauen als Mittel der Komplexitätsreduktion besonders wichtig, da häufig versucht wird, die Komplexität durch eine Minderung von Unsicherheit im Außen in den Griff zu bekommen. Komplexität wird dabei mit Kompliziertheit durch Bürokratisierungen und Regelsystemen zu beantworten versucht. Das allerdings führt zu Verhinderung von Kreativität und Selbstverantwortung und damit von Entwicklung. Sicherheit im Außen braucht es hingegen durch klar definierte Rollen und Prozesse.

Umgang mit Unsicherheit in der Praxis
- Keine falsche Sicherheit vorgaukeln – Transparenz dessen, was sicher und was unsicher ist, ohne Dramatisierung
- Zuverlässigkeit auf der Beziehungsebene
- Zuversichtliche Narrative stärken
- Bürokratisierung und Überreglementierung verhindern

3.1.3 Achten der psychologischen Grundbedürfnisse

Ein wichtiger Weg, um Menschen die Hin-zu-Bewegung und das Vertrauen in die Person und die Organisation zu erleichtern ist das Achten der psychologischen Grundbedürfnisse. Der deutsche Psychotherapeut und Hochschullehrer Klaus Grawe (2004) hat diese herausgearbeitet, Franz Hütter (2018), auf den die folgenden Beschreibungen fußen, hat diese treffend in die Veränderungsarbeit eingebaut.

Das Grundbedürfnis nach Selbstwertschutz und Selbstwerterhöhung
Aus der menschlichen Evolution begründet es sich, dass wir versuchen, einen gewissen Status in der Gruppe zu erreichen, um überleben zu können. Ist unser Selbstwert bedroht, suchen wir ihn durch verschiedenste Abwehrmechanismen zu schützen. Funktioniert das nicht mehr oder hat es zu viele Nebenwirkungen, so ist eine Veränderung angesagt. Ebenso ist es ein Grundbedürfnis, den Selbstwert zu erhöhen. Dazu kann auch das Streben nach Dominanz gehören.

Um den Selbstwertschutz und die Selbstwerterhöhung zu gewähr-
leisten, braucht es eine gute Balance der Pole Einzigartigkeit und Zugehörigkeit (vgl. Hütter 2018). Es geht darum, als einzigart sichtbar
zu werden in einem sozialen Kontext, für den meine Zugehörigkeit bedeutsam ist.

Das Grundbedürfnis nach Bindung und Zugehörigkeit
Evolutionär waren wir auf die Gruppenzugehörigkeit angewiesen, um
uns geschützt und sicher zu fühlen und damit unsere Lebensgrundlage
garantiert war. Bindung ist ein wesentliches Grundbedürfnis, welches es
in Transformationsprozessen zu beachten gilt. Ohne den Halt in einem
sozialen System zu wissen, wird der Schritt ins Ungewisse schwierig.

Verbindung geschieht auch durch etwas vereinendes Drittes. In einer
hochspezialisierten arbeitsteiligen Arbeitswelt kann dieses das gemeinsame höhere Ziel sein. Es handelt sich dabei um gemeinsame Werte und
den Sinn in der Arbeit – dazu mehr in Abschn. 3.2.5. Eine Aussicht auf
Verlust von Zugehörigkeit führt zu Ängsten. Vertrauen entsteht durch
verlässliche Bindungen.

Das Grundbedürfnis nach Orientierung und Kontrolle
Um nicht hilflos einer Situation ausgeliefert zu sein, brauche ich eine
gewisse Orientierung durch Transparenz, Information und verlässliche Abläufe. Doch das allein genügt nicht, um sich sicher bewegen zu
können. Schon Bandura (1994) hat als Entwicklungspsychologe die
Selbstwirksamkeit als Grundbedürfnis für menschliche Sicherheit beschrieben. Es geht dabei um die Möglichkeit der eigenen Einflussnahme
auf meine Situation. Habe ich die Ressourcen, mich auf mein Ziel hin-
zubewegen? Ich brauche das Gefühl der Realisierbarkeit, also einer gewissen Kontrolle über die Situation, um Transformationen anzugehen.
Das heißt, dass mich die Perspektive nach einem größeren Rahmen von
Selbstwirksamkeit zur Transformation zieht, während mich Fremdbe-
stimmung hemmt.

Die Selbstwirksamkeit bezieht sich jedoch nicht nur auf das Tun im
Außen, sondern auch auf die Beeinflussung des eigenen Zustands. Bin
ich in der Lage, den Umgang mit meinen Affekten insoweit selbst zu

steuern, dass ich wirksam bleiben kann? Dann spüre ich eine gewisse Kontrolle über die Situation.

Das Grundbedürfnis nach Lustgewinn und Unlustvermeidung
Unlustvermeidung dient der Gefahrenabwehr und führt zu Vermeidung z. B. schmerzhafter Erfahrungen. Erwarteter Lustgewinn fördert Motivation, denn aufgrund positiver Erfahrungen wird ein Belohnungssystem bereits bei der Vorstellung des Lusterlebens aktiviert. Diese Steuerung ist neuronal tief im limbischen System verankert. Es zielt auf die Befriedigung aktueller Bedürfnisse, zu denen körperliche Bedürfnisse und die Freude an Stimulanz gehören. Das bedeutet, dass nicht nur das Ziel, sondern auch der Prozess der Transformation lustvolle Elemente haben sollte.

Ist die Befriedigung der unterschiedlichen Bedürfnisse miteinander vereinbar, wird dieser Zustand als kongruent oder konsistent bezeichnet. Konsistenz bedeutet Zusammenhalt bzw. Widerspruchsfreiheit in Bezug auf das Selbst. Zielkonflikte hingegen verhindern produktive Handlungen.

Gerald Hüther (2020) erklärt, dass zwei Grundbedürfnisse häufig einander widersprechen: Das der Bindung und das der Kontrolle im Sinne von Selbstwirksamkeit und Autonomie. Wenn die Menschen, von denen wir abhängig sind oder mit denen wir uns in starker Verbindung spüren, uns vermitteln, dass wir anders sein sollen, als wir sind, ist es gefährlich, selbstwirksam eigene Ideen zur Verfügung zu stellen. Aus den psychologischen Grundbedürfnissen ergeben sich in Summe einige Tipps für die Umsetzung in Organisationen.

Psychologische Grundbedürfnisse im Arbeitsalltag

Förderliches Verhalten

- Einzigartigkeit der Menschen annehmen, die Ressourcen darin fördern, einen wirksamen Platz gewähren
- Zugehörigkeit über die Beziehungen und die gemeinsame Sache herstellen
- Transparenz über Rollen und Prozesse
- Dem Einzelnen Möglichkeiten des Einflusses durch seinen Beitrag wie auch durch Rückmeldung gewähren

> **Hinderliches Verhalten**
>
> - Jemanden meiden oder ausschließen
> - Ausschließendes und abwertendes Verhalten in Teams ignorieren und zulassen
> - Individuelle Beiträge abwerten
> - Jemanden zu lange mit einer Aufgabe allein lassen

3.1.4 Psychologische Sicherheit – Eine Teamkultur zur Minderung zwischenmenschlicher Risiken

Psychologische Sicherheit ist ein Konzept, welches durch Amy C. Edmondson (2020) populär wurde. Sie erarbeitete in einer empirischen Studie den Zusammenhang von Fehlerhäufigkeit und Teamkultur. Das Ergebnis war das Konzept „Psychologische Sicherheit". Dies ist nicht etwa – wie der Begriff vermuten lässt – eine Aussage darüber, wie sicher sich ein Einzelner psychologisch in Bezug auf einen anderen Menschen fühlt. Es geht vielmehr um das **Sicherheitsempfinden eines ganzen Teams** im Hinblick auf den Arbeitskontext. Das Thema ist also kulturell anzusiedeln und es geht um Merkmale eines Arbeitsplatzes, die die vorhandenen zwischenmenschlichen Risiken vermindern.

Edmondson hat dabei die folgenden Kriterien untersucht: Erwartungen bei Fehlern; Bereitschaft, Probleme anzusprechen; Akzeptanz von Andersartigkeit; Mut zum Risiko; Bitte um Unterstützung; Sicherheit, dass meine Bemühungen geschätzt werden und das Schätzen und Nutzen der Einzigartigkeit. Es wird an dieser Stelle deutlich, dass dieses Konzept die **Antwort auf die Frage nach der lähmenden Angst und Schamüberflutung** (vgl. Abschn. 3.1.3) ist. Psychologische Sicherheit wird durch Offenheit, Verbindlichkeit und vor allem eine Atmosphäre von Akzeptanz erlebbar. Wird das Konzept der Psychologischen Sicherheit in Teams gelebt, so sind die Bedürfnisse nach Anerkennung, Schutz und Zugehörigkeit umso wahrscheinlicher gewährt. Psychologische Sicherheit definiert sich als

„... eine Atmosphäre, in der sich die Menschen sicher genug fühlen, um zwischenmenschliche Risiken einzugehen und Bedenken, Fragen oder Ideen zu äußern." (Edmondson 2020, S. 20).

Im Folgenden finden Sie aus den Erkenntnissen einige Folgerungen für Verantwortliche in Veränderungsprozessen, die Psychologische Sicherheit wahrscheinlicher macht.

Verhaltensprinzipien für psychologische Sicherheit

Förderliches Verhalten:

- Selbst auch Unausgegorenes aussprechen, etwas wagen
- Sich selbst hinterfragen und zu eigenen Fehlern stehen
- Zuhören und die Mitarbeitenden ernstnehmen
- Blick auf die Ressourcen der Menschen – und die Sorge für den passenden Platz
- Ermutigung, sich mit eigenen Ideen einzubringen
- Atmosphärische Schwingungen wahrnehmen und Spannungen klären. Auf psychologische Grundbedürfnisse eingehen.
- Geduld bei der Umsetzung von Neuerungen – die Balance von Bewahren und Verändern halten
- Zuversicht ausstrahlen – dazu die eigene Zuversicht stärken

Hinderliches Verhalten:

- Hinterm Rücken über andere sprechen – Vertrauliches weitersagen
- Abwertungen – verbal wie durch Augenrollen – als Reaktion auf einen Beitrag
- Konflikte ignorieren oder aussitzen
- Drohungen aussprechen oder Sanktionen bei Widerstand
- Den eigenen Affekten freien Lauf lassen – wütend die Stimme erheben

Für Transformation benötigen wir den Ausbruch aus dem ein oder anderen Tabu. Wir benötigen Denken und Handeln von Neuem, Fremdem und eine neue emotionale Haltung dazu. Durch Psychologische Sicherheit ist eine **besondere Qualität der offenen Kommunikation** möglich: Die Menschen trauen sich unabhängig von der Meinung der

Autoritäten Ideen, Fragen und Bedenken zu äußern. Sie tun dies, weil sie sich gewiss sein können, dass interessiert zugehört wird.

Das Empfinden, dass alle in einem Boot sind und sich die Führung offen hinter ihre Mitarbeiter*innen und die Werte des Teams stellt, führt zu dieser besonderen Sicherheit, zu der wir als Begleitung weitere konkrete Zutaten dazu tun können.

3.2   Zutaten, die Vertrauen fördern

Vertrauen kann man weder befehlen noch linear herstellen. Man kann jedoch den Teppich dafür ausrollen. Genau das ist die Aufgabe von Begleiterinnen, Rahmenhalterinnen in solchen Prozessen. Gleich ob ich Beraterin oder Führungskraft bin – ohne das Herstellen von Vertrauen, wie wir es oben beschrieben haben, wird Transformation schwer möglich sein. Hier lesen Sie im Folgenden über die fünf Zutaten zum Vertrauen: Mit sich selbst in Kontakt sein, aufmerksam zuhören, Kritisches ins Wort bringen, Vertrauten Umgang mit dem nicht-Vertrauten fördern und Fokussierung auf eine sinnvolle Zukunft.

3.2.1   Mit sich selbst in Kontakt sein – und Selbstmitgefühl haben

Oft ist die Rede davon, wir sollten in der Arbeit als Führungskraft oder Berater „authentisch" sein und immer zeigen, wie wir denken und fühlen. Das kann aus einem sinnvollen Rollenverständnis nicht die Maßgabe des Handelns sein, denn es gilt, im Sinne der Aufgabe förderlich zu intervenieren – folge ich jederzeit meinen Impulsen, so könnte das durchaus hinderlich sein. Ruth Cohn hat in diesem Zusammenhang den trefflichen Begriff „selektive Authentizität" geprägt. Darum ist es unabdingbar, sich selbst gut zu kennen – und damit sind auch und in diesem Kontext vor allem die emotionalen Anteile gemeint. Wie reagiere ich innerlich auf etwas? Wie reagiere ich dann? Und wie wirkt das? Und zum Schluss: Ist mein Wirken hilfreich? Bewirkt es Vertrauen

– in mein Gegenüber, in die Beziehung, in das Team und die Organisation?

Was heißt es, mit sich selbst in Kontakt zu sein? Im Sinne von Inner Work heißt das, dass wir nicht nur auf der Ebene der Vernunft argumentieren und handeln, sondern mithilfe unseres Körpers spüren, was wir auch emotional empfinden, damit wir bewusst Prozesse steuern können.

Das Selbstbild verflüssigen

Es sind nicht zuletzt einengende Bilder von unserer Rolle, welche uns als Führungskraft und Berater zu hilfreichen vertrauenserweckenden Interventionen im Wege stehen. Wir halten an unserem geschönten Selbstbild fest – und gehen dadurch aus dem Kontakt mit denen, die wir in den Prozessen „mitnehmen" möchten.

Brené Brown (2017, 2018), amerikanische Professorin für Sozialarbeit, hat sich in ihren Studien mit Scham und Verletzlichkeit beschäftigt und ihre Ergebnisse in die Wirtschaftswelt übertragen. Sie tut das, was zu mehr Selbstvertrauen wie auch Vertrauen hilft: Sie holt das Gefühl der Scham aus dem Tabubereich heraus und thematisiert und normalisiert es. Brown (2018) hat festgestellt, dass wir oft an unserem Selbstbild festhalten. Um dem zu entsprechen, bauen wir nicht nur eine Schutzmauer, sondern bisweilen auch eine Wehr auf. Sie spricht in einem solchen Fall von **„armored leadership",** also bewaffneter Führung. Bewaffnet sind wir mit uns selbst in Kontakt und erst recht nicht mit dem Gegenüber.

Das Mindset bewaffneter Steuerung ist ihres Erachtens das Denken: „Ich bin perfekt, ich mache alles richtig. Ich weiß und kann alles. Ich bleibe immer objektiv und sachlich – in Bewertungen und Entscheidungen". Wir alle wissen, dass so niemand ist und doch tun wir in heiklen Situationen bisweilen so. Gerade unter Stress, wie z. B. in Veränderungsprozessen regredieren wir zu solch einfachen Mustern. Dabei möchte ich betonen, dass wir unbedingt ein Selbstbild brauchen, um uns in dieser Welt bewegen zu können. Es gibt uns Schutz und Orientierung – mir wie auch meinem Gegenüber. Es gilt jedoch, diesen Schutz, ist er hinderlich – am besten zuerst in einem geschützten Raum

– abzulegen und mutig dahin zu schauen, wo meine Ängste, mein Schamgefühl und auch andere ungeliebte Gefühle wirken.

Wenn beispielsweise eine Führungskraft einen gemachten Fehler nicht zugibt und von sich weist, so verliert die Führungskraft von dem Vertrauen, welches ihr entgegengebracht wurde. Um die destruktiven Folgen von Schamabwehr zu vermeiden und zu mehr Lebendigkeit, Kreativität und letztlich auch der Möglichkeit von Transformation zu gelangen, brauchen wir **Schamresilienz,**

> „die Fähigkeit, authentisch zu bleiben, wenn wir Scham empfinden, die Erfahrung durchzustehen, ohne unsere Werte zu opfern, und aus der Erfahrung von Scham mit mehr Mitgefühl und Verbundenheit hervorzugehen, als wir sie vorher empfunden haben." (Brown 2017, S. 95).

Beim Zulassen von Scham geht es darum, weniger zu bewerten, auch Unschönes wie z. B. Hilflosigkeit zuzulassen und ganz besonders, die Betäubung von Gefühlen aufzugeben. So können wir präsent und aufmerksam sein. Brown fordert uns auf, mit unserer Unsicherheit in Auseinandersetzung zu gehen. Oft sind es weniger die Menschen im Außen als vielmehr angesammelte alte Erfahrungen, die uns zurückhalten, uns aus Angst vor Schamüberflutung verletzlich zu zeigen. Dazu gehört, die gefühlte Scham zur Sprache zu bringen.

Mut zu Inner Work heißt dieses Buch, weil wir als Begleiterinnen von Transformationen selbst mutig unsere Waffen der Verteidigung eines geschönten Selbstbilds Schritt für Schritt mehr niederlegen und unsere eigenen Empfindungen kennen lernen sollten. Unser Selbstbild orientiert sich klassischerweise nach außen. Insofern geht es nun darum, mehr in sich hineinzuhorchen. Fragen der Innenschau können sein: „Was ist es gerade, was mich antreibt?" „Welches sind gerade meine wahren Grundbedürfnisse – und was nur Schein?", „Warum packt mich jene Rückmeldung so stark?".

Es geht darum, auch unliebsame und verletzliche Teile zuzulassen und damit in Beziehung zu treten und die eigenen Gefühle und Bedürfnisse, die bislang nicht in meinem Selbstbild auftauchten, anzuerkennen. „Was ist, darf sein, und was sein darf, kann sich verändern." so ein Wort aus der Gestaltpsychologie. So geschehen Akzeptanz und Versöhnung mit dem, was bislang im Schatten lag, wie z. B. die Tatsache, bei weitem nicht alles unter Kontrolle zu haben. Unsicherheiten zuzugeben ist nachhaltiger vertrauensbildend als falsche Versprechungen zu geben.

Sich selbst wahrnehmen und Selbstmitgefühl haben
Über den Weg der achtsamen Selbstwahrnehmung insbesondere unserer eigenen Gefühle kommen wir uns näher. Ich beziehe mich im Folgenden auf Vivian Dittmar (2014) und ihre „Gebrauchsanweisung" zum Umgang mit Gefühlen und Emotionen. Sie hat in ihrem Buch den Weg zu einem besseren Kontakt mit sich und anderen auf der Grundlage des Gefühlskompass einzigartig klar und systematisch beschrieben. Sie definiert **Gefühle** als soziale Kräfte, zu denen sie Wut, Angst, Trauer, Freude und Scham zählt. Sie grenzt sie ab von den **biologischen Programmierungen,** die rein dem Überleben gewidmet sind. Diese Differenzierung verhilft uns dazu, den eigenen Einfluss im Gefühlsbereich zu suchen. **Emotionen** sind für sie aufgestaute Gefühle, die nicht über ihre Kraft konstruktiv in Beziehungen umgesetzt worden sind.

Sie nennt als Verhinderer von emotionaler Kompetenz zuerst das Betäuben von Gefühlen durch Süchte oder Vermeidungsstrategien. Hier gilt es zu reflektieren, was ich tue, wenn ich mich leer, unruhig oder irgendwie schlecht fühle. Alle Betäubungsstrategien halten uns davon ab, mit uns selbst in Kontakt zu gehen und unsere echten Bedürfnisse und Gefühle wahrzunehmen.

Weiter nennt sie das Unterdrücken von Gefühlen im Sinne der Wendung gegen sich selbst. Während schwerwiegende z. B. durch Trauma entstandene Abwehr nach Psychotherapie verlangt, kann weniger „gefährlichen" Gefühlen mit Mitgefühl bzw. Selbstmitgefühl an die Oberfläche geholfen werden. Selbstmitgefühl, wie wir es bei Kristin Neff, der Begründerin des Self-Compassion Resarch Labs finden, ist grundlegend für die eigene Entwicklung – und im Hinblick auf das Mitgefühl mit anderen:

> „Erstens erfordert es Selbstfreundlichkeit, dass wir also freundlich und verständnisvoll mit uns selbst umgehen, statt uns hart zu kritisieren und zu verurteilen (selbstbezogene Freundlichkeit). Zweitens erfordert es das

Erkennen, dass wir eine Menschheit sind, als ein Gefühl der Verbundenheit mit anderen in der Erfahrung des Lebens statt des Gefühls der Isolation und Entfremdung durch unser Leiden (verbindende Humanität). Und drittens erfordert es Achtsamkeit – dass wir alle unsere Erfahrung gleichgewichtig wahrnehmen, statt unseren Schmerz zu ignorieren oder zu übertreiben. Um echtes Selbstmitgefühl zu empfinden, müssen wir die drei wesentlichen Elemente in die Praxis umsetzen und kombinieren." (Neff 2012, S. 136).

Erst Selbstmitgefühl als Zugang zu mir selbst ermöglicht es mir, auch dem Gegenüber das Ohr zu schenken und ihm gegenüber mitfühlend zu sein. Gerade dann, wenn es um die Gefühle Angst oder Scham geht – also um Hilflosigkeit, Scheitern, Alleinsein, Inkompetenz, Fehler, Mängel und Defizite – dann brauchen Menschen ein Gegenüber, welches diese Gefühle ohne Abwertung und in vollem Mitgefühl annimmt. Selbstmitgefühl lernen wir über Mitgefühl – und können es einüben. Mit dieser freundlichen Haltung mir selbst gegenüber kann ich mich entspannt und präsent auf die unterschiedlichen Menschen und Situationen einlassen, ohne etwas „wegdrücken" zu müssen. Susan David (2020), Psychologin aus Südafrika, die den Bestseller des Wall Street Journals „Emotionale Beweglichkeit" geschrieben hat, betont in diesem, dass Selbstmitgefühl weder schwach noch faul macht. Sie schreibt, dass Selbstmitgefühl aufgrund eines besseren Umgangs mit Scheitern eher sogar die Konkurrenzfähigkeit steigert – neben dem, dass Selbstmitgefühl zu gesteigerter Resilienz und Gesundheit und zu besseren sozialen Beziehungen und positiveren Gefühlen kommt.

Zweckentfremdete Gefühle erkennen – eine „Masche" besonderer Art
Manchmal zeigen wir gar nicht das Gefühl, welches in uns steckt. Wir nutzen andere Gefühlsausdrücke, um in Kontakt zu kommen. Die Transaktionsanalyse (vgl. Gührs und Nowak 2014, S. 171 f.) kennt dieses Phänomen unter dem Namen „Ersatzgefühle" oder „Maschengefühle". Das kann man sich so vorstellen, dass wir eine gewisse gelernte „Masche" anwenden, um zum Ziel zu kommen. Dabei ist es im subjektiven Erleben kein Unterschied, ob ich wirklich wütend über etwas bin,

oder ob ich – statt traurig zu sein – Wut als Ersatzgefühl, als Maschengefühl nutze. Der Unterschied liegt jedoch darin, dass es durch diese Ersatzgefühle nicht zu einer Beruhigung oder Veränderung kommt. Solche Verhaltensweisen werden in früher Kindheit gelernt und dienen der Manipulation der Umwelt, weil das ursprüngliche Gefühl entweder nicht wahrgenommen oder abgewertet wird. Wir zeigen das Gefühl, durch das wir am meisten Resonanz bekommen. Leider wird dann das ursprüngliche Gefühl und Bedürfnis zunächst nicht zum Ausdruck gebracht und später auch nicht mehr wahrgenommen. Mit dem Ausleben von Ersatzgefühlen konstruieren wir eine Situation der Vergangenheit in der Gegenwart erneut. Es handelt sich dabei also um ein regressives Muster.

Maschengefühle von echten Gefühlen unterscheiden

Ich kann versuchen, dem durch Selbstreflexion auf die Spur zu kommen. Dafür gilt es, meine Erregungszustände unter die Lupe zu nehmen und sich die Frage zu stellen:

- Ist es wirklich... (Wut, Trauer...?) oder könnte es auch etwas anderes sein?
- Gibt es ein Gefühl, welches ich nicht gewohnt bin, auszudrücken – und welches ich auch bei anderen nicht gut ertragen kann?
- Fühlt es sich stimmig an, wenn ich so ... (dramatisch wütend, traurig, fröhlich...) reagiere?
- Ist es von außen betrachtet eine angemessene Reaktion?
- Welche Erwartung habe ich bei meiner Gefühlsäußerung?
- Übertreibe ich in meiner Reaktion, damit sie wahrgenommen wird?

Maschengefühlen kann ich, wenn ich in Selbstreflexion geübt bin, selbst auf die Spur kommen, allerdings bin ich sicher, dass es der effektivere Weg ist, wenn ich mich in Coaching, Supervision oder Therapie auf ein Gegenüber einlasse, welches sich mit der Wahrnehmung von und dem Umgang mit Gefühlen auskennt.

Eigene Absolutheitsansprüche aufspüren – und andere Perspektiven versuchen

Wenn ich einen Absolutheitsanspruch habe, beanspruche ich nicht nur etwas **für mich** als richtig oder falsch, sondern ich setzte meine Mei-

nung **für die Allgemeinheit** als absolut. Ich gebe mir die Definitions-
macht über die Wahrheit. Je stärker unsere „Wahrheit" infrage gestellt
wird, umso tiefer rutschen wir in unseren Hirnschichten mit unserer
Reaktion (vgl. Abschn. 3.1.1). Dittmar beschreibt die Folgen so, dass
sich die Gefühle dann nicht in ihrer Kraft, sondern in Schattenform zeigen: Wut zeigt sich zerstörerisch, Trauer macht uns passiv, Angst wirkt
lähmend, aus Freude wird Illusion, Scham wird zur Selbstzerfleischung.

Gerade in Transformationsprozessen, in denen die Beteiligten verunsichert sind, gilt als Begleiterinnen – sei es als Führungskraft oder als
Beraterin – Sicherheit zu erzeugen. Wie schnell geraten wir in die Ver-
suchung, dies durch ein Wissen von richtig und falsch geben zu müssen
statt durch die beschriebene psychologische Sicherheit. Oft jedoch sind
es tief verankerte „Wahrheiten" bzw. „Glaubenssätze", an denen wir unbewusst hängen. Dittmar lädt uns durch Selbstreflexion ein, unsere Absolutheitsansprüche zu erkennen.

Eigene Absolutheitsansprüche aufspüren

- Wer regt mich auf? Worüber empöre ich mich? Warum?
- Ist es eine Art wie er oder sie sich gibt?
- Ist es die Meinung, die er oder sie vertritt?
- Welches klare, eindeutige Argument habe ich dem entgegenzusetzen?
- Was halte ich für richtig? Was davon, meine ich, gilt für die Allgemein-
  heit?

Überprüfen Sie Ihre Worte anhand von verallgemeinernden Begriffen
wie „man" oder Faktbeschreibungen, wie „das ist so" oder Bewertungen
„das geht doch nicht", wo Sie selbst Absolutheitsansprüche erheben.
Für Sie kann das so stimmig sein – **andere** können das anders sehen
und Sie mit ihrer Sicht bereichern. Reagieren Sie stattdessen innerlich
mit einem „Das ist ja interessant" – sowohl auf die Äußerung Ihres Gegenübers als auch auf Ihre eigene innere Reaktion. Diese eher staunende
oder forschende Außenperspektive auf die Ansprüche relativiert sie –
und verhilft oft, sie aufzuweichen oder langfristig gar aufzulösen.

3.2.2 Aufmerksam Zuhören

Wenn wir aufmerksam zuhören, rollen wir den Teppich aus für Vertrauen und ermöglichen bereits damit Transformation. Sie eröffnen Ihrem Gesprächspartner neues Denken und eine Klarheit, worum es ihm wirklich geht. Im aufmerksamen Zuhören steckt ein hohes Maß an Ansehen – ausbuchstabiert im Anhören – dies verbunden mit Anerkennung. Aktives Zuhören als Technik haben wir wahrscheinlich alle schon mal gelernt, wenn wir uns mit Gesprächsführung beschäftigt haben. Wenn wir hier über aufmerksames, Vertrauen bildendes Zuhören sprechen, so hat das vor allem etwas mit einer **Grundhaltung der Zuwendung** zu tun.

In den sogenannten Listening Skills, die von der Europäischen Union in Anlehnung an den Holländer Harry van de Pol und seinem Werk Heart of Hearing für die Telefonseelsorge entwickelt wurden (vgl. IFOTES-Europe e. V. 2017), werden verschiedene Stufen des Zuhörens genannt, die in den folgenden Ausführungen beinhaltet sind. Die Bedingung für das gute Zuhören ist dabei die Zuwendung zu sich selbst (vgl. Abschn. 3.2.1). Um gut zuhören zu können, sollte der eigene innere Dialog zuvor wahrgenommen und beruhigt werden. So verhindere ich eine zu große Vermischung zwischen meinem Erleben und bin für das, was der andere mir mitteilen will, offen.

Einen Raum zum Reden eröffnen

Wie öffne ich einen Raum, in dem die Menschen sich eingeladen fühlen, offen zu reden? Das geschieht weniger durch Worte als vielmehr durch Signale in meiner Mimik und Gestik wie auch durch ein aufmunterndes Nicken oder offene Fragen.

In einer Runde mit mehreren Menschen, die sich bis gerade in normaler Alltagskommunikation befunden haben, gilt es, diesen Gesprächsraum in besonderer Weise zu „markieren". Das kann ich durch einen kleinen Gong oder einen angenehmen Klingelton mit anschließender Stille tun. Ich kann auch ein Ritual entwickeln, indem ich ein Tagesmotto oder eine passende Deutungsgeschichte vorlese – was auch immer zu der Kultur der Organisation passt. Oft ist der Raum bereits geöffnet durch das Schließen der Türen und das Abwarten, bis wirklich alle ruhig sind. Ein nächster sinnvoller Schritt, um allen einen Raum zum Ankommen zu geben ist die sogenannte Check-In-Runde (vgl. auch die Hinweise zur Meetinggestaltung in Abschn. 4.2.2). Eine unverfängliche Frage zum Ankommen ist z. B. „Wo wäre ich gerade, wenn ich nicht hier wäre?" oder „Wo komme ich gerade her?". Dies ermöglicht allen, das, was sie bewegt, noch einmal auszusprechen und loszulassen, um dann den kommenden Themen zu lauschen. Was meine ich eigentlich mit aufmerksamem Zuhören jenseits des Öffnens meines Sinnesorgans?

> „Das heißt, wir hören zu, wenn jemand spricht und ziehen uns nicht in unsere eigene Gedankenwelt zurück, um Zustimmung oder Zurückweisung zu formulieren. Wir suchen nicht im Archiv unserer eigenen Erinnerungen nach Geschichten, die wir erzählen könnten." (Baldwin und Linnea 2014, S. 115).

Wir nehmen also das, was uns bewegt vorerst zurück. Aufmerksames Zuhören geschieht in der Gleichzeitigkeit, den anderen zu verstehen und mit ihm in Verbindung zu gehen. Wir spiegeln als Zuhörende durch unser **In-Verbindung-Sein** – zum Raum öffnen also erst einmal ohne eigene Worte – dem Redenenden die eigenen Gefühle wider. Der Zuhörende „verdaut" quasi das Gesagte, sodass es den Erzählenden frei macht für neue Gedanken: Es löst sich etwas und der Redende kann neu denken. Auf diese Weise wird sowohl ein Überfluss an Angst und Scham als auch Projektion verhindert. Das wohl bekannteste Beispiel von „Raum geben" ist das der „Momo" aus Michael Endes gleichnamigen Roman: Sie hörte – ohne auch nur ein einziges Wort zu sagen – mit Aufmerksamkeit so zu, dass beim Gegenüber ungeahnte Gedanken auftauchten und die Menschen im Anschluss erleichtert weggingen.

Den Raum zum tieferen Verstehen nutzen
Die einfachste Art der vertiefenden Intervention klingt etwas schlicht, bewirkt jedoch oft viel: Das wortwörtliche Wiederholen dessen, was der Sprechende sagt.

Lange Zeit meinte ich, ich müsse beim Zuhören mit anderen Worten das wiedergeben, was mein Gegenüber gesagt hat. Doch das ist oft nicht hilfreich, weil es sein kann, dass ich mein Gegenüber dadurch irritiere und aus dem eigenen inneren Prozess bringe. Diese Erfahrung nutzt auch die Aufstellungsarbeit, indem die Resonanzen, die jemand in einer Position äußert, in keiner Weise gedeutet werden. Die Begleiter des Prozesses geben einfach ein **wortgenaues Echo** (vgl. Daimler et al. 2008, S. 346). Dies ist ungewohnt und scheint uns als Zuhörender „papageienhaft". Es ist jedoch eine hochgradige Wertschätzung, die Worte zu erinnern, die jemand gesagt hat, ohne sie bereits mit dem Eigenen zu vermischen. Die Wiederholung führt außerdem zu einer Entschleunigung und Anschlussfähigkeit. Ich höre so genau hin. Auf welchem Sinneskanal ist das Gegenüber unterwegs? Welche Metaphern werden benutzt? Auch für das weitere Gespräch sind die genauen Worte desjenigen, dem ich zuhöre bedeutsam.

Empathisch Mitschwingen – und versuchen, zu verstehen
Diesen Teil kennen Sie wahrscheinlich unter dem Begriff des „aktiven Zuhörens". Wenn Sie an einen Eisberg denken, von dem nur 1/7 über dem Wasser zu sehen ist und 6/7 die unsichtbaren, aber dazugehörenden Befindlichkeiten sind, dann geht es hier darum, den unteren Teil zu erspüren und zu benennen. Dazu gehört ein hohes Maß an emotionaler Kompetenz und Sprachfähigkeit. Wir bieten uns selbst als Spiegel für die Befindlichkeiten des Gegenübers an – mit einer gewissen Fehleranfälligkeit. Die Fehleranfälligkeit kommt in der Regel durch persönliche Assoziationen zustande – darum sollte ich als gute Zuhörerin meine eigenen Geschichten und dazugehörigen Emotionen möglichst gut zu kennen. Um die erspürten Gefühle differenziert in Worte zu fassen, gibt es Wortlisten insbesondere aus der gewaltfreien Kommunikation. Doch wichtiger als das „Vokabeln lernen" – dies geschieht mit zunehmender bewusster Selbstwahrnehmung von selbst – ist die passende **Haltung des Verstehen-Wollens der Empfindungen des Gegenübers.** Es geht um aufrichtiges Interesse, was sich im Weiteren auch durch offene Fragen ausdrückt.

Aber warum müssen wir uns in der Berufswelt überhaupt mit Gefühlen auseinandersetzen? Gefühle, so die gewaltfreie Kommunikation, entstehen aufgrund des Erfüllt- oder Nicht-Erfülltseins von Bedürfnissen. Bedürfnisse sind die Grundlage allen Wohlseins, aller Motivation, aller Produktionsfähigkeit. Wir können nicht immer alle Bedürfnisse sofort erfüllt wissen, doch lange unerfüllte Bedürfnisse erzeugen einen inneren Konflikt und suchen sich etwas oder jemand „Drittes". Entweder sind dies Menschen, mit denen ich gemeinsam leide und jammere und mir alle Energien ziehen lasse, oder es sind Krankheiten, Rebellion oder andere Übersprungshandlungen, die allesamt dem betroffenen Menschen und damit auch dem Unternehmen Potenziale abziehen.

All diese Nebenwirkungen verhindern Transformation. Um die Hintergründe der Gefühle zu verstehen, sind passende Fragen und insbesondere die nach den Bedürfnissen entscheidend:

„Was brauchen Sie denn, damit Sie/wir da weiterkommen?" ist eine Frage, die helfen kann.

Zuhören gilt auch dem Non-verbalen. Was sagen eigentlich diejenigen, die schweigen? Es ist wesentlich im Sinne der psychologischen Sicherheit, die Schweigenden in Teamrunden miteinzubeziehen, statt sie zu übergehen. Außerdem kann Schweigen eine wichtige Aussage beinhalten. „Wenn Ihr Schweigen etwas sagen würde, was ist es?" ist in diesem Fall eine mögliche öffnende Frage.

Andersartigkeit akzeptieren
Nun kann es sein, dass mein Gegenüber Dinge äußert, die mir erstmal fremd vorkommen, die ich nicht hören mag oder außerhalb der Standards liegen – kurzum, die mich stören. Hier sei auch an unsere Absolutheitsansprüche erinnert. Dann gilt es ganz besonders die aufmerksam hörende Haltung beizubehalten, denn dann fällt es uns oft besonders schwer, die Verbindung zu halten, und nicht vorschnell in ein „Ja, aber" zu verfallen. Im Kontext tiefgreifender Veränderung macht genau dieser Unterschied den entscheidenden Unterschied: **In Verbindung bleiben und das Fremde hören wollen.**

Im schlechtesten Fall hören wir mit einem Urteil zu. Vielleicht hören wir schon deshalb nicht gut zu, weil eine bestimmte Person etwas sagt – und die informelle Norm der Gruppe oder des Teams besagt, dass die Meinung dieser Person nicht zählt. Wir hören von vornherein aus einer kritisch bewertenden Position selektiv nur das, was unser Vorurteil bestätigt. Hier braucht es echtes Interesse und Neugier, um uns frisch zu öffnen – genau wie bei der inneren Haltung, wenn ich Kritisches ins Wort bringe, wie es im nächsten Kapitel genauer beschrieben wird.

Das wahre Interesse zeigt sich auch im offenen Fragen. Wir alle kennen die Fragen, bei denen ich als Fragende die Wahrheitshoheit über die Antwort habe: Ich weiß sie schon und das Fragen ist gleichsam ein „Abfragen" mit der Möglichkeit „falsch" oder „richtig" zu antworten – und entsprechend belohnt oder sanktioniert zu werden – und sei es nur mit einem entsprechenden Kommentar. Bei guten Fragen wissen Sie also grundsätzlich *noch nicht* die Antwort. Insofern sind es auch keine alternativen Fragen, sondern offene Fragen, die mit einem Fragewort beginnen.

Die Vertrauenssituation im Blick behalten

Eine besondere Wahrnehmung für sich selbst und meine Gesprächspartner zu entwickeln ist also grundlegend für Vertrauen. Die in Abschn. 2.2.2 beschriebenen Schutzmechanismen treten bei uns selbst und beim Gegenüber auf den Plan, wenn das Vertrauen fehlt, wenn wir uns unsicher fühlen. Diese lassen sich jedoch in der Akutsituation zur Beobachtung kaum schnell erfassen, sondern dienen eher der differenzierten rückblickenden Reflexion. Was wir jedoch schneller ergreifen können, sind die reptilienartigen Mechanismen, die auch in Abschn. 3.1.1 bei lähmender Angst beschrieben werden, wenn wir mit Kampf oder Flucht – und wenn das nicht funktioniert – mit Starre reagieren. Diese haben Patterson et al. (2012, S. 77) auf jeweils drei Formen reduziert, sodass es möglich ist, sie im Blick zu behalten und wieder zu erkennen, wenn sie auftauchen. Sie sind in der Tabelle in Abb. 3.1 aufgelistet.

Bei sich selbst können Sie mit ein wenig Übung bereits körperliche Signale erkennen, **bevor** Sie das entsprechende Verhalten zeigen!

Es gilt also als Führungskraft oder Beraterin neben der inhaltlichen Ebene immer auch die Vertrauensebene im Blick zu behalten. Welche Reaktionen und Signale zeigen sich? Entsprechend handele ich nach den bereits hier beschriebenen Maßnahmen. Die Zusammenfassung der Vorgehensweise, wenn Stress und Vertrauensverlust im Raum sind, sehen Sie in Abb. 3.2.

Abb. 3.1 Signale für Stress und Vertrauensverlust. (Quelle: Eigene Tabelle nach Patterson et al. 2012, S. 69 f.)

Als Verantwortliche für die Begleitung von Prozessen mit Menschen gilt es, sich selbst gegenüber eine hohe Achtsamkeit zu entwickeln, um eine Unterbrechung von automatischen Abläufen einzubauen, bevor ich in ein ungünstiges, also vertrauensbeeinträchtigendes Verhalten verfalle. Praktisch geschieht dies über jegliche Art des Achtsamkeitstrainings, welches neue Wendungen im Verhalten ermöglicht.

3.2.3 Kritisches ins Wort bringen – Scheitern und Stärken

Es gilt jedoch nicht nur zuzuhören und nachzufragen, sondern es gilt zudem, Stellung zu beziehen und kritische Rückmeldung zu geben. Bei dem Wort Kritik zucken schon viele zusammen, weil es in der Regel mit negativer Kritik verbunden wird – und nicht selten mit vernichtender, verletzender Kritik. Das Wort **„Kritik"** kommt vom französischen „critique". Dort wurde es abgeleitet aus dem griechischen „krínein", was **„unterscheiden", „trennen"** heißt. Kritik macht also einen

Bei eigenem Stress (-verhalten)	Bei Stress anderer
Sich selbst und die eigenen Signale im Blick behalten • Körperreaktionen / Erregtheit • Rückzug oder Angriff	Das Gegenüber beobachten: Ist Rückzug oder Angriff erkennbar? Die inhaltliche Ebene verlassen
Die inhaltliche Ebene verlassen	Aufmerksam zuhören (vgl. Kap. 3.2.2) Den Raum zum Sprechen öffnen
Bei Bedarf: Sich entschuldigen	
Die Motive darstellen: … ich wollte nicht (… verunsichern…) … ich wollte …	Das gemeinsame höhere Ziel vergewissern bzw. entwickeln (vgl. Kap. 3.2.5)
Das gemeinsame höhere Ziel ins Bewusstsein rufen	Mit neuem Vertrauen weiter ins Gespräch gehen
Im Nachgang und für weitere Situationen: • Sich selbst wahrnehmen und Selbstmitgefühl haben (vgl. Kapitel 3.2.1) • Reflexion der Interpretationen, Gefühle und Bedürfnisse (vgl. Kapitel 3.2.3)	

Abb. 3.2 Maßnahmen bei Stress und Vertrauensverlust. (Quelle: Eigene Tabelle nach Patterson et al. 2012)

Unterschied, trennt das Eine vom Anderen. Es wird durch Kritik etwas Besonderes deutlich, was aus dem Alltag heraussticht. Was sich vom Allerlei unterscheidet.

Wir alle brauchen Kritik im Hinblick auf die Kriterien, die sich aus dem gesetzten Ziel ergeben. Als Systemikerin frage ich gern: Was war förderlich? Was war hinderlich? Oder: Was war günstig oder ungünstig? Bestenfalls sind alle im System kritisch – damit multiperspektivisch auf das Geschehen geschaut werden kann. Das geschieht jedoch nur in einer Kultur der psychologischen Sicherheit. Es gibt uns auch Sicherheit, wenn wir durch Kritik immer wieder auf die persönlichen, wie anderen **Ressourcen** schauen, die eine Machbarkeit von Neuem wahrscheinlicher machen und die zum Selbstwertschutz und zur Selbstwerterhöhung der Einzelnen führt – doch wir kommen nicht umhin, auch unangenehme Dinge auszusprechen. Als Begleiterin von Transformationsprozessen verstehe ich mich als Hüterin von Grenzen.

Grundlagen einer Reflexionskultur schaffen

Oft wird Kritik damit verbunden, dass man aus aktuellem Anlass „herbeizitiert" wird, weil etwas falsch gemacht wurde. Durch regelmäßige Reflexion jedoch wird Kritik zur Kultur, die nicht nur dazu da ist, falsches Verhalten zu reglementieren, sondern als Instrument, um kontinuierlich an der Qualität der Prozesse und Ergebnisse zu arbeiten. Reflexion kommt aus dem lateinischen von **„zurückspiegeln"**, „zurückbeugen" und widmet sich zwar insofern dem Vergangenen – sinnvoll ist dies jedoch immer mit Blick auf die Zukunft.

In der Regelkommunikation, insbesondere in den Teamsitzungen, kann das aufmerksame Anhören aller eine wesentliche Basis für eine gute Reflexionskultur sein. Dazu gehört, dass die Beiträge nicht bewertet, sondern als wichtiges Puzzleteil zur Wahrnehmung des Gesamtgeschehens angenommen werden. Am leichtesten geschieht das durch „Runden", in denen alle nacheinander zum Sprechen kommen – wie das bereits in Check-Ins und Check-outs trainiert wird. Gute Reflexion braucht eine Kultur der Sicherheit und des Vertrauens, die erprobt und erfahren sein will.

Das gemeinsame höhere Ziel in den Köpfen der Beteiligten hilft bei der Fokussierung. Gemeinsames Reflektieren wird nur dann als sinnvoll erachtet, wenn man sich davon einen Gewinn erhoffen kann. Der Blick auf das Potenzial, die Ressourcen und die Synergie durch das Miteinander helfen zur Motivation. Das Erleben, co-kreativ, gleichsam mit Schwarmintelligenz zu Innovationen zu kommen, verhilft, das Unbehagen einer negativen Kritik zu verschmerzen.

Wichtig ist hier wie immer das Vorbild von Führung – es ist Teil des kreativen Geschehens. Sie sollte sich jedoch bei Reflexionen der lenkenden Funktion seiner Worte bewusst sein und sich gut überlegen, an welcher Stelle der eigene Beitrag gut platziert ist. Setze ich meinen Beitrag zu Beginn, so bewirke ich eine Lenkung der weiteren Äußerungen. Das Reflexionsrad bietet einen guten Rahmen für Reflexion von Scheitern und Stärken (vgl. Abb. 3.3).

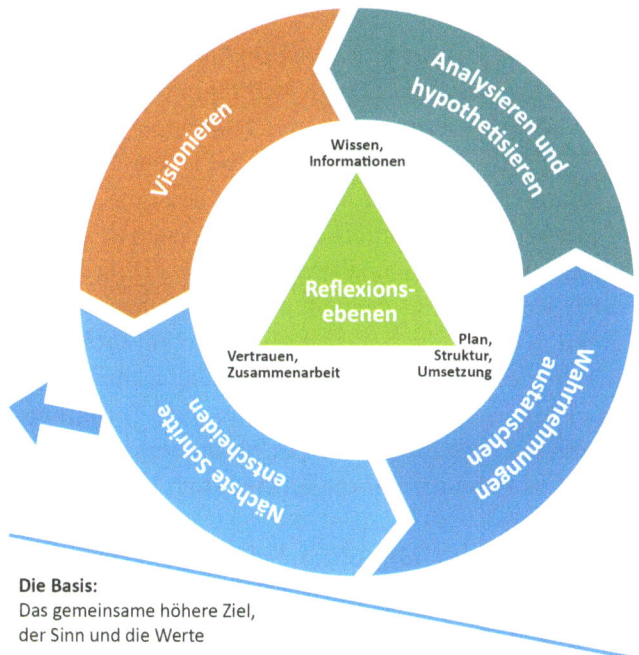

Abb. 3.3 Reflexions- und Visionsrad. (Eigene Abbildung, basierend auf zur Bonsen und Maleh 2012, S. 34, Oesterreich und Schröder 2020, S. 27; Burmeister und Steinhilper 2011, S. 38)

Scheitern differenzieren

Es wird häufig von Fehlerfreundlichkeit oder Fehlertoleranz gesprochen. Das ist sehr missverständlich und kann bisweilen mit Beliebigkeit verwechselt werden. Lassen Sie uns zunächst differenzieren, welche Arten von Fehlern es gibt.

Der klassische Fehler ist eine Abweichung von den Standards. Es gibt Vorgaben und Regeln und bekannte Logiken, die nicht beachtet wurden. Dadurch ist ein Defizit, ein unerwünschtes Ergebnis entstanden. Das kann beabsichtigt gewesen oder aus Nach- oder Fahrlässigkeit oder aus Unwissenheit oder Überforderung geschehen sein.

Dann gibt es das Scheitern oder den „**Fehlschlag**" (Förster und Kreuz 2020, S. 211). Das Wort „Scheitern" wird vom Holzscheit, vom gespaltenen Holzstück abgeleitet. Scheitern heißt somit so viel wie „in Stücke gehen, zerschellen" (Brumeister und Steinhilper 2011, S. 15). Ein Traum, eine Vorstellung ist geplatzt. Das bedeutet, dass etwas Neues ausprobiert, also experimentiert wurde, bei dem ein Risiko in Kauf genommen wurde. Das Ergebnis war von vorneherein unsicher – und dennoch hat man sich gewagt, allerdings ohne Erfolg. Das Scheitern lässt sich noch weiter unterscheiden in intelligentes und gefährliches Scheitern. Beim gefährlichen Scheitern hat man zu hoch gepokert und es kann das Überleben des Systems bedrohen, während intelligentes Scheitern das Risiko gut bedacht hatte. Das wohl berühmtesten intelligente Scheitern der Geschichte war der gescheiterte Versuch, nach Indien zu segeln. Das Ergebnis war die Entdeckung Amerikas.

Dann gibt es noch das komplexe Scheitern (Edmondson 2020, S. 141), wir könnten auch sagen das „**Unglück",** wenn etwas Unvorhersehbares, Komplexes von außen die Situation beeinflusst. Durch höhere Gewalt geschieht so eine Systemstörung.

Werden Fehler jeglicher Art zu Tabus, weil sie normativ nicht vorkommen dürfen, so kann es paradoxerweise zu schwerwiegenden Fehlern kommen. Je höher der Druck, alles richtig machen zu müssen, umso öfter werden Fehler vertuscht. Wenn es keine Fehler auch im Sinne von Fehlschlägen geben darf, wird Lernen und Transformation vermieden. Die grundlegende Annahme muss lauten: Bei uns gibt es Fehler. Wir schauen uns diese an. Diese Maßgabe gilt in den sogenannten High Reliability Organizations (HROs), also ganz sensiblen, hochzuverlässigen Organisationen, wie dem Militär, der Luftfahrt oder innerhalb des Energiewesens. Dabei geht es nicht um Schuld oder darum, WER es getan hat. Das Ziel ist, für die Zukunft zu lernen. Niemand hat die Wahrheit, mit vielen verschiedenen Perspektiven kommen wir ihr jedoch näher.

Bedingung für das Gelingen des Zulassens von Scheitern ist jedoch das **Zulassen von Verletzlichkeit.** Erinnern wir uns an die Ausführungen zur Verflüssigung des Selbstbildes in Abschn. 3.2.1: Die Ritterrüstung der Unantastbarkeit muss fallen und das Selbstbild von „Wir schaffen alles" muss beiseitegestellt werden, um sich einzugestehen: „Dieser Teil der Idee ist nicht aufgegangen" oder: „Das Projekt hat sich (in diesem Punkt) überlebt." Der realistische Blick bedarf der Demut und manchmal auch der Sicht von Menschen, die etwas mehr am Rand stehen und eine nicht so hohe Identifizierung mit dem Projekt haben. Ein Projekt ist für die Entwickler und Umsetzer oft wie ein eigenes Baby und es ist ein Trauerprozess, davon loszulassen.

Durch die regelmäßige Reflexion kann Scheitern zur Normalität werden, denn die Einsicht, dass alles immer auch anders kommen kann und die **Neugierde beim Experimentieren** rücken mehr in den Vordergrund. Ein wesentlicher Aspekt, damit Scheitern nicht vorrangig als Verlust bewertet wird, ist die Bewertung des Geschehens als Lernprozess. Die Frage „Wozu war das jetzt gut?" lässt sich nicht immer sofort aber perspektivisch immer positiv beantworten. Franz Hütter sagt aus der Perspektive der Neurowissenschaft: „Erfahrungen hinterlassen Spuren im Gehirn" (Hütter 2018, S. 49). Diese sind für weitere Prozesse nutzbar.

Stärken fokussieren

Lernen braucht Emotionen. Zwar können wir uns auch durch emotionale Spannungen negativer Art verändern, im Sinne unserer psychologischen Grundbedürfnisse ist es jedoch leichter, sich auf Positives zu fokussieren. Lustgewinn sowie Selbstwertschutz und Selbstwerterhöhung werden durch die Fokussierung auf Stärken bedient. Das eröffnet eine ungeahnte Schatzkammer von Möglichkeiten.

In der hirngerechten Beratung gehört die **Kompetenzorientierung** dazu, weil wir durch die Fokussierung auf Lösungen und Ressourcen das Gehirn in der Weise aktivieren, die eine Zunahme an Lösungen und Ressourcen schafft. So wird entsprechendes unwillkürliches Erleben ausgelöst, welches genau da anknüpft, wo wir uns hin fokussieren. **„Energy flows where attention goes.",** lautet ein bekanntes Zitat des Begründers der Lösungsfokussierten Beratung von Steve de Shazer.

Lösungsdenken entsteht, wenn wir auf den „Problemtalk" verzichten (vgl. Schmid o. J.) – was im Berufsalltag nicht immer aber doch häufiger als angenommen möglich ist. Durch den Hinweis auf Stärken werden positive Bilder konstruiert, die eine Lösungsfokussierung bewirken. Dies zu tun ist Aufgabe der Begleiterinnen von Veränderungsprozessen.

Für den Bereich der Organisationen wird dieses Phänomen am stringentesten durch Appreciative Inquiry (AI) umgesetzt – eine Methode, die nach den Juwelen in der Organisation sucht. Es kann mit „wertschätzender Untersuchung" übersetzt werden. Die Grundannahme von Appreciative Inquiry lautet:

> „Jeder Mensch, jedes Team und jede Organisation hat ein ungeahnt großes Potenzial, das manchmal schon aufblitzt. Organisationen entwickeln sich immer in die Richtung dessen, worauf sie ihre Aufmerksamkeit richten und was sie untersuchen." (zur Bonsen und Maleh 2012, S. 27).

Ronald Lippitt, der Begründer der bekannten Führungsstiltheorie, der Untersuchungen in Teams durchführte, bot die Grundlage für dieses Konzept. In seinen Studien wurde deutlich, wie sehr ein Reden über Probleme die Kraft raubt. Er entwickelte daraufhin die Methode „Futuring", was wir mit „Visionieren" übersetzen können. Hier wird z. B. alles, was stört, direkt als Wunsch formuliert. Das Visionieren finden wir in dem Konzept des AI wieder – und ebenso in dem Reflexionsrad in Abb. 3.3.

Scheitern und Stärken reflektieren – ein Reflexionsrad mit Vision

Das in Abb. 3.3 zu sehende Reflexionsrad ist eine Zusammenführung des agilen OE-Rades (Oesterreich und Schröder 2020, S. 27), der systemischen Schleife des gescheiterten Scheiterns (Burmeister und Steinhilper 2011, S. 38) und der stärkenfokussierten Phasen des AI (zur Bonsen und Maleh 2012, S. 34). Meines Erachtens ist es hilfreich, in jeglicher Reflexion sowohl positive wie auch negative Aspekte im Blick zu habe: Es ist kontext- und anliegenabhängig, welche Fokussierung ich setze. Um unnötige Fehler oder riskantes Scheitern zu vermeiden, ist es manchmal sehr sinnvoll genau die Nase auf die Auslöser zu richten: Was gilt es zu vermeiden? Gleichzeitig hilft das Fokussieren von Stärken und Visionen, eine konstruktive Kraft zu entwickeln.

Das Reflexionsrad ist um die drei Pole des GPAs formiert. Die Reflexion an sich ist Teil der Weisheit. Das bedeutet, dass wir bei allen

Schritten die drei Pole des GPAs berücksichtigen: a) Die Informationen und das Wissen am Pol der Erkenntnis, b) die Handlungsebene mit dem Plan, der Struktur der praktischen Umsetzung UND c) die Zusammenarbeit am Pol des Vertrauens. Als Moderatorin habe ich im Blick, dass alle Dimensionen bei den einzelnen Schritten berücksichtigt werden. Aus dieser Rolle erinnere ich auch an das gemeinsame Ziel und den Sinn des Projekts im Gesamtkontext – und dass wir damit in einer aufsteigenden Bewegung sind, wie in der Abbildung deutlich wird. Die wichtigste Regel in der Moderation ist, dass ALLE Beteiligten bei jedem Schritt zu Worte kommen. Gerade in den ersten beiden Schritten lohnt es sich, zunächst ein Redeobjekt, also einen Gegenstand, den immer gerade die Redende hält, kursieren zu lassen, damit die einzelnen Äußerungen unkommentiert stehen bleiben können. Wie arbeiten wir konkret mit dem Reflexionsrad?

Wahrnehmungen austauschen Wir beginnen mit dem informativen Austausch der Wahrnehmungen über den Status Quo ohne bereits zu viel zu deuten oder zu erklären.

- Was wissen wir?
- Welche Potenziale sehen wir?
- Welche Strukturen und Rahmensetzungen haben wir?

Analysieren und Hypothetisieren Dann analysieren und hypothetisieren wir:

- Welche Erkenntnis brauchen wir noch?
- Was ist oder war hinderlich, ungünstig?
- Was ist oder war brauchbar und förderlich?
- Welche Ressourcen haben wir genutzt oder nicht genutzt?

Wie bei jedem Schritt berücksichtigen wir dabei die Pole des GPA. Hier schauen wir so lange auch auf Fehler und Ungünstiges, wie es dem Ziel dienlich ist. Nicht mehr und nicht weniger.

Visionieren Im nächsten Schritt bauen wir die Vision ein – als einen Punkt, der das Denken öffnet. Sie sehen hier jeweils zuerst hypothetische Fragen, die dazu einladen, den Horizont zu öffnen und in Klammern darunter, die konkretere Frage, die bereits auf den nächsten Schritt hindeutet.

- Angenommen, wir hätten die perfekte Zusammenarbeit? Wie sähe die aus? Woran würden wir das erkennen?
  (Wie könnten wir konkret unsere Zusammenarbeit noch verbessern?)
- Angenommen, es gäbe den perfekten Plan – was hätte der für Elemente oder welchen Verlauf? Wer würde dann was tun?
  (Welche Schritte könnten wir neu in den Blick nehmen?)
- Angenommen, es gäbe noch ein Know-how oder irgendeine Art zu denken, welches uns absolut nach vorn bringt? Was könnte das sein?
  (Wie kommen wir an das Denken und Wissen, welches uns noch hilfreich wäre?)

Nächste Schritte entscheiden Im Anschluss werden nächste Schritte festgezurrt und vereinbart, wann das Team das nächste Mal zusammenkommt, um wiederum nach diesem Schema zu reflektieren.

Feedback durch dialogische gewaltfreie Kommunikation

Bei aller visionären und ressourcenorientierten Haltung kommen wir im System nicht umhin, klar anzusprechen, was die gemeinsame wirtschaftliche Grundlage, das gemeinsame Wertesystem, das gemeinsame Anliegen in Gefahr bringt oder verletzt. Dies tun wir nicht, OBWOHL wir psychologische Sicherheit wahren wollen, sondern WEIL wir es wollen. „Dinge, die man ignoriert, sind Dinge, die man erlaubt", so meine Erfahrung. Edmondson (2020) fordert im Sinne der psychologischen Sicherheit Sanktionen für klare Regelverstöße. Sprechen wir als Hüterin des Rahmens die schädlichen Dinge nicht an, so prägen die Regelbrecher die neue Norm. Wie bekommen wir Wahrheit und Klarheit mit echter Wertschätzung gepaart? Wie vereinen wir unbequeme Rückmeldung mit dem Vermeiden von zu viel Scham und Angst, mit dem

Schutz des Gegenübers und seinem Bedürfnis nach Selbstwert und Zugehörigkeit? Die folgenden Anregungen weisen uns die Richtung.

Non-verbales – die innere Haltung Die Worte, die wir senden, prägen unser Bewusstsein und machen für den Empfänger der Nachricht einen Unterschied. Das Wichtigste für die Klarheit einer Botschaft ist jedoch die Kongruenz von Worten und non-verbalem Ausdruck (vgl. Mierke und van Amern 2019, S. 184). Die Beziehungsebene einer Botschaft wird am ehesten über Gestik, Blickkontakt, Tonfall und Körperhaltung transportiert. Der gute Gesprächsführungskurs für die wertschätzende Rückmeldung funktioniert also nur, wenn wir als Feedbackgeber diese Wertschätzung auch spüren. Da müssen wir als Feedbackgeber kritischer Botschaften manchmal erst hinkommen. Das gelingt am ehesten, indem wir uns wertschätzend auf unser Gegenüber einstimmen. Das heißt nicht, dass wir die kritischen Aspekte abmildern, sondern die positiven Anteile vergegenwärtigen sollten, die uns als Feedbackgeber in eine wohlwollende Haltung bringen.

Konstruktive Einstimmung auf ein kritisches Gespräch

- Wofür bin ich dieser Person dankbar?
- Was ist ihr Beitrag zum Ganzen, zum Gemeinsamen?
- Wo sind wir uns ähnlich?
- Was teilen wir miteinander?
- In welchem Kontext könnte ich mir ein entspanntes Miteinander vorstellen?
- Was möchte ich von der Person?

Unser Körper drückt unsere Offenheit für unseren Gesprächspartner aus. So ist **unser Gesicht eine Quelle von Ermutigung und Entmutigung.** Schauen Sie mal in den Spiegel und versuchen ein ermutigendes Gesicht zu machen: Würden Sie diesem Gesicht alles erzählen? Suchen Sie Ihr entspanntes Gesicht, ohne sich dabei anzuspannen oder affektiert zu werden. Das Gesicht soll das zeigen, was sie sind: interessiert, respektvoll und fasziniert (vgl. Kline 2016). Das ist besonders wichtig in Online-Konferenzen, in denen unser Gesicht noch mehr im Fokus ist als im analogen Raum.

Ein im wahrsten Sinne des Wortes non-verbales Element ist die **Stille** in einem Gespräch. Kline nennt es den inneren einsamen Spaziergang, den gerade jemand macht. Auf dem Spaziergang gibt es Gedanken und Gefühle. Wir als Zuhörende sind in diesem Moment auf Stand-By und warten auf die Rückkehr des Spaziergängers. Es ist absolut wichtig, an dieser Stelle die Aufmerksamkeit zu halten! Dies ist im Online-Raum viel schwieriger als im direkten Kontakt, in dem andere Beziehungs-schwingungen des dreidimensionalen Raumes spürbar sind. Stille ist in der Regel eine kreative Stille, in der Neues entstehen kann. Diese dem anderen zuzugestehen bedeutet die Ermöglichung von Selbstdenken im Sinne einer Ermächtigung.

Eine ungünstige und gleichzeitig nicht selten auffindbare Haltung ist die Infantilisierung des Gegenübers. Das ist eine Herabsetzung, die im fürsorglichen Kleid daherkommt. Diese kommen durch verniedlichende Titulierungen wie „Küken" oder aber auch der Funktion unangemessene Schutzhaltungen wie „Das musst Du auch noch lernen" oder „Das habe ich in Deinem Alter auch noch nicht gewusst" zum Ausdruck kommen. Ein aufmunterndes Auf-die-Schulter-klopfen kann mit unterschiedlicher Haltung geschehen: Stelle ich mich als gönnerhaften Big Brother dar oder ist es wirklich eine kollegiale Ermutigung, die ich mir vom Gegenüber auch wünschen würde? Also – zeigen Sie eine wert-schätzende Haltung – und in diesem Zusammenhang auch körperlich.

Hilfreiches Vorgehen   Marshall Rosenberg (2016) hat mit seinem Vier-Schritte-Modell der Gewaltfreien Kommunikation (GfK) ein hilfreiches Gerüst geschaffen, welches wir uns innerlich für ein Feedback vornehmen können. Seine besondere Errungenschaft liegt darin, dass Gefühle als Folge der Erfüllung oder Nicht-Erfüllung von Bedürfnissen gesehen und benannt werden. Im Kern rede ich bei einer Rückmeldung folglich von mir und was ein bestimmtes Verhalten, eine bestimmte Situation bei mir ausgelöst hat. In den vier Schritten (vgl. Rosenberg 2016, S. 21) wird etwas benannt, was der Sender der Botschaft allerdings vorher zu differenzieren, von etwas anderem zu unterscheiden hat.

1. **Schritt: Beobachtungen nennen** – die gilt es von Bewertungen und Deutungen zu unterscheiden.
2. **Schritt: Gefühle nennen** – die gilt es von Pseudo-Gefühlen und Bewertungen zu unterscheiden.
3. **Schritt: Bedürfnisse nennen** – diese gilt es von Strategien zu unterscheiden
4. **Eine konkrete Bitte formulieren** – diese gilt es nicht mit einer Forderung zu verwechseln (was in einem Dienstvorgesetztenkontext allerdings durchaus sein könnte)

Markus Fischer (2020), dem ich in diesem Abschnitt folge, sieht den besonderen Vorteil der Systematik in der Selbstreflexion. Insofern profitieren Sender und Empfänger gleichermaßen davon.

Eine Beobachtung im Sinne der GfK ist etwas, was ich mit meinen Sinnen wahrgenommen habe. Da wir jedoch Beobachtungen bereits immer mit unseren gemachten Erfahrungen verknüpfen, ist es schwierig, unsere Bewertungen oder Erklärungen daraus zu halten. Es kann jedoch auch sinnvoll sein, meine Bewertungen zur Situation erst einmal aufzuschreiben, um mir mit Selbstgefühl zu begegnen. Erst, wenn ich mich beruhigt habe, versuche ich, das zu erinnern, was ich wahrgenommen habe. Somit unterscheide ich die Beobachtung von der Bewertung – und werde mir meiner höchst subjektiven Verknüpfungen bewusst, im systemischen Sinne von „das könnte auch anders sein". Die Bewusstheit durch die Verlangsamung ist ein wesentlicher Schritt, den Autopiloten der Erklärung und Bewertung bei einer bestimmten Wahrnehmung zu stoppen.

In Abschn. 3.1.4 haben wir die psychologischen Grundbedürfnisse näher angeschaut. Es gibt außerdem selbstverständlich die existenziellen Bedürfnisse des Körpers, die wichtig zum Überleben sind. Darüber hinaus gibt es unterschiedliche **Wege, diese Bedürfnisse zu erfüllen.** Diese nennt Fischer **Strategien.** Es kann manchmal sein, dass wir an unseren Strategien für das Bedürfnis festhalten – dabei könnten wir das Bedürfnis auch ganz anders verwirklichen. In Organisationen oder Beratungen finden wir das z. B. dann, wenn ein Team sagt: „Wir brauchen einen Kaffeevollautomaten für unser Team." – dann stellt sich die Frage nach dem Bedürfnis hinter dieser Strategie. Für das Team stellte sich nach mehrmaligem Nachfragen heraus, dass es gern auf Augenhöhe mit der Verwaltung gestellt werden wollte, welche einen solchen Automaten hatte. Es ging also um das Bedürfnis nach Selbstwert. Fokussieren wir das Bedürfnis statt der Strategie, so gibt es mehr Lösungsmöglichkeiten.

Als Bitte versteht die GfK einen Wunsch, um das Bedürfnis zu befriedigen. Es gibt also noch einen Verhandlungsspielraum, WIE das geschehen kann. Es stellt sich die Frage, ob es gerade eher hilfreich ist, die Komplexität zu erhöhen, um neue Lösungen zu generieren – dann sollten wir die vorgestellte Strategie eher zurückhalten. Ist jedoch die Situation eher zu offen und orientierungslos, so ist es hilfreicher, die mögliche Strategie möglichst konkret mitzuliefern.

Patterson und seine Kollegen (vgl. Patterson et al. 2012, S. 137 f., S. 159), die weniger schematisch jedoch ebenfalls sehr selbstreflektorisch an heikle Gespräche herangehen, sprechen deutlich von einem herzustellenden Dialog. Dabei geht es auch darum, das Gegenüber zu ermutigen, die eigene Sicht der Dinge darzustellen – bis dahin, zum Widerspruch zu ermutigen. Das bedarf einer eigenen inneren Größe im Sinne von Selbstsicherheit, um nicht in einen Kampf zu geraten. Nehme ich das dialogische Prinzip mit hinein, so komme ich auf eine Formel für Feedback, die auch das Warten auf die Reaktion des Gegenübers beinhaltet.

Die Kurzformel für Feedback: WWWW

- Wahrnehmung   die Wahrnehmung der Sinne, die Beobachtung der Situation
- Wirkung   die Auswirkungen, die das Verhalten, die Situation voraussichtlich haben wird, und die Wirkung auf mich im Hinblick auf meine Bedürfnisse und Gefühle
- Wunsch   die Bitte, die ich habe
- Warten   auf die Reaktion – und das nicht nur zum Schluss

Wesentlich für die innere Klarheit ist ein guter Kontakt zu sich selbst, der es erlaubt, das eigene Selbstbild zu verflüssigen und hinter die Zielführung zu stellen und Absolutheitsansprüche abzustellen.

Rückmeldung um jeden Preis? Und wann lasse ich das Feedback? Diese Frage stellt sich in Anbetracht eines Buches, welches in der Beraterwelt das Feedback aus der Kuschel- und Wattebauschecke geholt hat: „Radical Candor", also „Schonungslose Offenheit" von Kim Scott (2019). Das Buch ermutigt, zu einer offenen Feedbackkultur in Organisationen. Allerdings werden in diesem Konzept nicht die Grenzen der Radikalität erörtert.

Aus Gründen der Psychologischen Sicherheit stellen sich bei jeglichem kritischen Gespräch vorher die Fragen:

- Was ist der Sinn und Zweck meiner Äußerungen?
- Könnte es sein, dass mein Feedback nur meiner eigenen emotionalen Entlastung oder dem eigenen Absolutheitsanspruch dient statt dem gemeinsamen Ziel?
- Ist das Verhalten, welches ich kritisieren möchte, überhaupt veränderbar? Könnte es sein, dass es sinnvoller ist, die Aufgabe an den Menschen anzupassen statt den Menschen an die Aufgabe?
- Was sind die wahrscheinlichen Auswirkungen meiner Rückmeldung?

Sollte ich bei dieser Reflexion feststellen, dass mein Feedback nicht auf das funktionale und sinnvolle Ziel einzahlt, dann halte ich mich zurück. Eine gute Selbstführung zeigt sich an gezielter Intervention.

Und was ist mit Sanktionen? Gern schließe ich mich im Falle der Nicht-Kooperation der aus der Spieltheorie stammenden Strategie des „tit for tat" an. Man kann es kurzerhand mit „Wie Du mir, so ich Dir" in Deutsch übersetzen. Dazu gehört als erstes der **Vertrauensvorschuss.** Das heißt, wir unterstellen unserem Gegenüber Kooperation und gehen selbst vertrauensvoll in das Gespräch. Je nach Ergebnis des Gesprächs handle ich dann weiter: Entweder kooperiert der Partner – dann tue ich es auch. Kooperiert er nicht, so gehe ich über zur anstehenden Sanktion. Diese soll zwar nicht überfordernd, aber dennoch kostenintensiv genug sein. Nach der Sanktion – und natürlich auch nach der Kooperation – gehen wir wieder auf START und vertrauen dem Gegenüber. Die Sanktion ist ein Ausgleich, eine Art **Wiedergutmachung,** die es möglich macht, von vorn zu beginnen.

Und manchmal gehört es zur Sicherheit, dass man denjenigen, die nachhaltig durch Intrigen und Illoyalität für Unsicherheit sorgen, nach einem ehrlichen Prozess nur noch den Austritt aus dem System anbieten kann – zum Überleben des Systems und der psychologischen Sicherheit aller Beteiligten.

3.2.4 Vertrauten Umgang mit dem Nicht-Vertrauten fördern

Ich gehe nochmal an den Anfang des Kapitels: Das Vertraute ist Grundlage des Vertrauens. Vertrauen bedeutet immer auch, das Riskante mit einzubeziehen.

Wie können wir Vertrauenhaben zu etwas Vertrautem machen? Durch Vertrauen! Sprich: Dadurch, dass ich mich immer wieder einlasse auf ein Stück Risiko. Und das am besten ohne gefährliches Scheitern zu produzieren, welches das Überleben infrage stellt. Es geht in diesem Kapitel darum, sich dem Unbekannten immer wieder zu stellen: Unbekannten Situationen, unbekannten Menschen, unbekannten Anteilen in uns selbst. Aber Achtung – wir sollten uns dabei nicht überfordern. Der Weg geht über „Standbein und Spielbein".

Einladen zu Stimulanz – mutigen Umgang mit der Angst erproben
Wir haben bis hierher schon viel über Entschleunigung und Bewusstheit gesprochen. Nun geht es um einen Aspekt, der uns auf andere Weise fordert. Es geht darum, dass wir Stress brauchen, um mit Stress umgehen zu können. Vorweg: Wir sprechen hier von positivem Stress – nicht von Panik oder Dauerstress.

Durch Angstreaktionen werden Energiereserven mobilisiert (vgl. Hüther 2020, S. 16 f.). Ist die Herausforderung bewältigt, so gibt es als Belohnung die Glückshormone namens Dopamin und Endorphin. Die Problemlösung sorgt durch die entsprechenden Hormone für gute stabile Synapsenverbindungen. Hüther vergleicht solche Bahnungen im Gehirn mit Autobahnen, die nach dem Ausbau gern und schnell genutzt werden. Versuchen wir jedoch immer die gleichen Problemlösungen, haben wir das Gefühl, alles im Griff und unter Kontrolle zu haben und geraten in Panik, wenn diese Strategie plötzlich nicht greift, weil neue Lösungen gefragt sind. Folgen wir nur dem Vertrauten, so machen uns bereits die Körperreaktionen auf geringe Herausforderung schneller Angst. Die Tatsache, nicht alles unter Kontrolle zu haben, wird bei alltäglicher Vermeidung von Stress schnell zu Überforderung. Das Stresshormon Cortisol, welches bei Herausforderungen jeglicher Art ausgeschüttet wird, ist geringer nachweisbar, je häufiger wir mit einer ursprünglich stressbegleiteten Situation konfrontiert sind (vgl. Hütter 2018, S. 272 f.). Mehr noch: Dies bezieht sich nicht nur auf einen **bestimmten** Stressauslöser, sondern es gibt **insgesamt** eine Abnahme von Stressreaktionsmustern, je häufiger ich mich Cortisolausschüttungen also Stress unterziehe. Man kann also den Umgang mit Stress, d. h. Überraschungseffekten und Herausforderungen jeglicher Art lernen, was man als **Stressresilienz** bezeichnet (vgl. Roth und Ryba 2019, S. 137). Mit anderen Worten:

> „Wer sich sozusagen mit einem täglichen, wohldosierten Noradrenalin- und Cortisolschub desensibilisiert, wird weniger ängstlich und risikoavers und gerät auf der Verhaltensebene nicht mehr so leicht in die Panikzone." (Hütter 2018, S. 273).

Neben dem, dass der dauerhafte Versuch, durch Vermeiden von Überraschungen das Leben unter Kontrolle zu behalten, zu einem Mehr an Stress in akuten Herausforderungen führt, haben wir auch weniger sogenannte Selbstwirksamkeitserfahrungen durch das Bewältigen derselben. Die Erfahrung von Erfolg im Sinne von „Ich schaffe das" führt zu einer größeren **Selbstwirksamkeits*erwartung.*** Diese spielt eine große Rolle im Hinblick darauf, wie stark eine herausfordernde, unsichere Situation mit Angstreaktionen besetzt ist. Der Lernpsychologe Albert Bandura benennt als Quellen der Selbstwirksamkeitserwartungen nicht zuletzt die eigenen Vorerfahrungen und Erfolgserlebnisse. Selbstwirksamkeitserwartungen haben aufgrund von Wechselwirkungen zwischen Einschätzung des Reizes und Einschätzung der Bewältigung einen positiven Effekt für den Erfolg – im Sinne einer sich selbst erfüllenden Prophezeiung. Eine hohe Selbstwirksamkeitserfahrung führt zum Handeln, während eine fehlende Selbstwirksamkeitserwartung ungünstige Emotionen, wie z. B. depressive Stimmungen auslöst. Durch Selbstwirksamkeitserfahrungen erlange ich eine eher interne Kontrollerwartung. Wenn ich davon ausgehe, dass das Außen die Welt bestimmt, fühle ich mich ohnmächtig (vgl. Mierke und van Armern 2019). Also: Sich neuen Herausforderungen zu stellen, macht uns bereiter und stabiler im Umgang mit Überraschendem.

Durch Herausforderungen Lernen
Entwicklung und Wachstum sind wesentliche Grundbedürfnisse nicht nur von Kindern, sondern auch von Erwachsenen. Allerdings verkommt Lernen oft zum Downloaden von Wissen, wie der Neurowissenschaftler Gerald Hüther (2016) wiederholt betont. Nachhaltiges Lernen geschieht seines Erachtens durch das Lösen von Problemen. Es braucht die Herausforderung und die anschließende „Belohnung" dadurch, dass nun die neue Situation wieder zu den Bedürfnissen passt. Dieses Bedürfnis nach Wachstum sollte uns als Verantwortliche für Menschen immer genügend Anregung bereithalten, damit sich die Menschen in unserer Umgebung entfalten können. Wir brauchen ein gewisses Maß an Anregendem, was uns fordert, um diesem Bedürfnis nach Wachstum und Kreativität nachkommen zu können, wie in Abb. 3.4 zum Ausdruck kommt.

An dem umgekehrten U, welches Yerkes und Dodson bereits 1908 aufgrund von Untersuchungen mit Ratten entwickelt haben und welches später auf Menschen generalisiert wurde, wird deutlich, dass wir optimalerweise ein mittleres Maß an Erregung brauchen, um wachsen zu können. In unserer absolut bequemen Komfortzone gibt es zu wenig Erregung, um etwas Neues zu lernen. Wir haben einen Noradrenalinmangel durch Langeweile und es droht Antriebslosigkeit.

Dies ist mithilfe der ausgeschütteten Hormone bei positivem wie negativem Stress zu erklären (vgl. Hütter 2018, S. 274 f.). Das Stresshormon Noradrenalin bewirkt bei richtiger Dosierung die erforderliche neuronale Aktivierung, eine passende Fokussierung durch ein gutes „Signal-Rausch-Verhältnis" und den passenden Antrieb, den Willen, eine Lösung zu finden. Bei einem Zuviel an Stress kippen diese positiven Faktoren zu kopfloser Hektik, einem Zuviel an Fokus im Sinne von „Scheuklappen", mit denen man nicht mehr rechts und links schauen

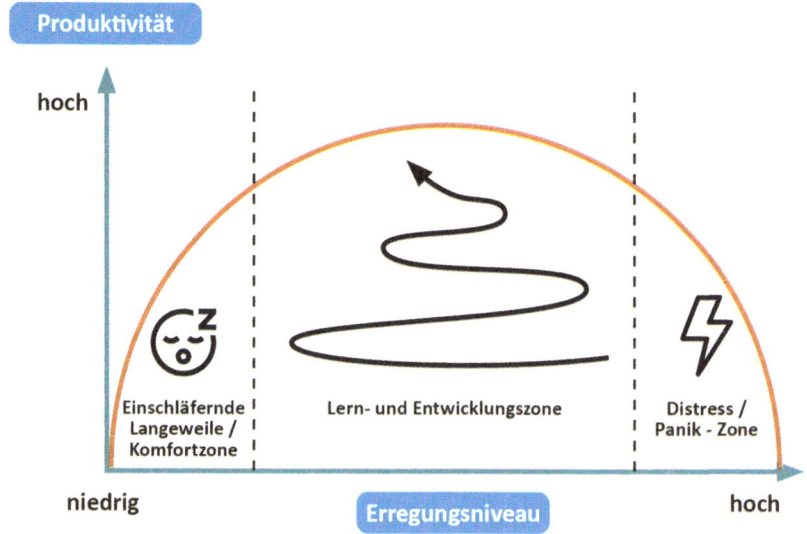

Abb. 3.4 Unsere Lern- und Entwicklungszone. (Quelle: Eigene Darstellung der Inhalte von Yerkes und Dodson (1908))

kann und einem zuviel Wollen im Sinne einer Verbissenheit des Dranbleibens – auch wenn man sich in einer Sackgasse verrannt hat.

Ob sich Stress positiv oder negativ auswirkt, entscheidet sich erst am Ende der Situation. Bewerten wir das Ergebnis als Erfolg, so werden mit Dopamin und Endorphinen nicht nur Glücksstoffe ausgeschüttet, die sich gut anfühlen, sondern auch der Lösungsweg im Gehirn verankert. Die vorhergehende Anspannung, die das Noradrenalin ausschüttet, sorgt für die Sensibilisierung dieses Belohnungssystems. Bewerten wir das Ergebnis als Scheitern, so sinkt der Dopaminspiegel in der Weise, dass das mit so negativen Gefühlen einhergeht, die zu einer Vermeidung des Verhaltens führt. Dies gilt auch bei chronischem Stress, sodass es zu einer andauernden Überproduktion von Cortisol führt, die sogar den Hippocampus schädigen kann – einen Teil des Mittelhirns, welcher unter anderem für die Überführung von Inhalten des Kurzzeitgedächtnisses in das Langzeitgedächtnis zuständig ist. **Die Dosis macht also das Gift** – und bietet die Chance.

Neugierig erkunden

„Ich habe keine besondere Begabung, sondern bin nur leidenschaftlich neugierig.", so ein bekanntes Zitat von Albert Einstein. Es könnte also sein, dass Neugierde mit Innovation zu tun hat. Gerald Hüther erklärt in seinen mannigfaltigen Plädoyers für lebendiges Lernen, dass uns die Neu-gier, also das Begehren nach Neuem, angeboren ist. Wenn ich schreibe, dass am Anfang jeglicher Transformation eine Spannung steht, dann kann die allein durch die Erfahrung der Möglichkeitsraumerweiterung, als Belohnung für die Neugier gegeben sein. Folgen wir also der naturgegebenen Neugier, um gut vorbereitet zu sein auf unverhofft Neues! Wenn wir Vertrauen in den Umgang mit dem Fremden bringen wollen, dann können wir das durch zwei Prinzipien, die Hans-Joachim Gergs (2016) für den „Prozess der kontinuierlichen Selbsterneuerung" propagiert: Erkunden und Experimentierfreude. Laden wir die Menschen, mit denen wir arbeiten dazu ein, sich von vermeintlichem Wissen freizumachen! Zum Erkunden gehört zuallererst das intensive sinnliche Wahrnehmen durch genaues, aufmerksames Beobachten. Durch die Gewohnheiten unserer Sinneskanäle sehen oder hören wir intuitiv immer eher das, was wir immer schon wahrgenommen haben. Ein **waches Beobachten** nimmt *mehr* wahr. Es sieht auch auf die Ränder und nimmt die Selektion des Alltags weg. Waches Beobachten geht bewusst in eine andere Position, in einen Perspektivwechsel.

Dies geschieht zum Beispiel dadurch, dass wir eine andere Frage stellen als sonst. In Kollegialen Beratungen und Supervisionen erlebe ich bisweilen, dass bereits der Blick auf die Fragestellung das Problem ist. Dann stelle ich die Schlüsselfrage zum Beratungsthema: „Welche Frage könnte man aufgrund der geschilderten Situation haben?" Es ist dann besonders bereichernd, eine ganz andere Erkundung vorzunehmen, als der Fallgeber dachte. Hilfreich beim Erkunden ist die **Grundhaltung des „Nicht-wissens".** Wir haben in bestimmten Situationen ad hoc Assoziationen zu den eigenen vertrauten Dingen und Erlebnissen. Um diese „Normalität" der alltäglichen Beobachtung zu unterbrechen ist es unerlässlich, auch andere Wahrnehmungen zuzulassen. Oft geschieht das bereits durch offene, fragende Begegnungen mit Menschen außerhalb unseres Alltagssystems.

Erkunden wir das, wo es uns hinzieht: „Wer hat was, was ich (noch) nicht habe? Wo ist was, was wir (noch) nicht umsetzen? Wo ist was zu lernen, was mich/ uns interessiert?" Fragend statt wissend durch die Welt zu gehen, hat außerdem den großen Vorteil, dass wir dadurch Beziehung schaffen, also dem Bedürfnis nach Zugehörigkeit nachkommen. Wir kennen die Aussage „Der will nichts von mir wissen!" – mit der Bedeutung, dass mir jemand die kalte Schulter zeigt, die Beziehung nicht möchte. Etwas voneinander wissen wollen ist ein Vertrauensbeweis! Fragen Sie also auch gerade fremde oder Menschen aus anderen Kontexten das, was Sie interessiert!

Forschend experimentieren
Während das Erkunden eher etwas ist, bei dem wir etwas Neues oder etwas in neuer Form auf uns einwirken lassen, ist das Experimentieren etwas noch Aktiveres, bei dem ich in die Gestaltung und Umsetzung gehe. Das Wort Experiment kommt aus dem Lateinischen und heißt so viel wie „Versuch", „Probe". Ein Experiment ist also kein Projekt mit klarer gesetzter Zielerwartung, sondern ein Versuch von etwas mit reduziertem Risiko. Möglicher Misserfolg ist bereits einkalkuliert – aus ihm wird man klug. Somit ist ein Experiment ergebnisoffen und beinhaltet etwas Spielerisches. Gerald Hüther nennt Spielen einen kreativen Prozess. Durch das Spiel geschehen wiederum Umbauprozesse im Gehirn – frei nach dem Motto **„Umwege erweitern die Ortskenntnis!"**. Es ist somit ein selbst konstruierter Lernprozess ganz ohne Druck. Das spielerische Experimentieren bedient damit die Selbstwirksamkeitserfahrungen und die Bedürfnisse nach Autonomie und Freiheit.

Manchmal reichen schon kleine Mikroimpulse des Experimentierens auf den unterschiedlichen Polen des GPA, um die Synapsen auf Anregung und Neues einzustellen. In Abb. 3.5 finden Sie ein Brainstorming, welches Sie gern für sich und Ihre Organisation weiterführen können.

Flexibel und damit mutig und vertrauensvoll gegenüber Veränderung zu werden, statt in langweiligen Komfortzonen ängstlich zu verharren ist notwendig, um mit Herausforderungen von außen klarzukommen. Tiefgreifende Veränderungen stehen auf dem Plan. Insofern brauchen

Diskussionen mit Fachfremden führen

Lesen, Podcasts, Dokus: Mal fremde Kanäle nutzen

Allein auf Fortbildung gehen

Praktika in anderen Unternehmenskulturen absolvieren

Multiperspektivische, interdisziplinäre Reflexionsorte einführen

Wissen
Neue Erkenntnisse,
Meinungen und
Denkansätze

Resonanz-pol

Vertrauen
Andere Menschen
und Kulturen

Handeln
Fremde praktische
Herausforderungen

Wechselnde Kooperationspartner

Einmal im Jahr an einen fremden Ort mit intensiven Begegnungen verweilten.

Sich öfter mit jemand Unvertrautes zum Essen verabreden

Sich eher unvertrauten Ausdrucksweisen in Kunst und Musik stellen

Diversität im (informellen) Kontakt herstellen: Alter, Geschlecht, Soziokulturell

Einen anderen Sitzplatz im Meeting einnehmen

Eine neue Sportart, ein neues Handwerk ausprobieren

Entgegen sonstiger Vorlieben agieren: z.B. Reden statt Schweigen oder umgekehrt. Oder: Fordern statt Hinnehmen oder umgekehrt.

Einen Tag in einer anderen Abteilung arbeiten, die sich am meisten von meiner unterscheidet.

Woche der Ver-rücktheit im Job einführen: An einem Tag etwas Auffälliges tun.

Abb. 3.5 Impulse für das Vertrautwerden mit dem Nicht-Vertrauten – entlang des GPA

wir eine Flexibilisierung festgefahrener Muster, eine Gewöhnung an Beweglichkeit. Als Beraterin oder Führungskraft sollten wir uns die Frage stellen, ob wir dieses genug fördern oder fordern.

Herausfordernd genug? Reflexionsfragen für Führungskräfte

(in Anlehnung an Karsten Drath 2015)

- Fördern und fordern Sie die Mitarbeiterinnen / Teilnehmerinnen?
- Dürfen sie an bestimmten Stellen mit einer größeren Kompetenz, als Sie sie haben, glänzen?
- Geben Sie entwicklungsorientiertes klares und annehmbares Feedback?
- Übertragen Sie anspruchsvolle Herausforderungen?
- Gehen Sie kalkulierte Risiken ein?
- Haben Sie einen gewinnbringenden Blick auf Scheitern?
- Laden Sie die Herausforderungen und Pläne emotional auf?
- Geben Sie Zeit zur Entspannung nach großen Herausforderungen?
- Wo gibt es „Spiel"-Raum für Erkundungen: Exkursionen, Seitenblicke?
- Wo gibt es Räume zum Experimentieren?

3.2.5 Die Fokussierung auf eine sinnvolle Zukunft

Der Sinn von Sinn

Sinn ist immer in Verbindung mit unserer Intention zu sehen. Wir erleben etwas als sinnvoll, wenn wir unsere bedeutungsvolle Absicht im Umgang mit dem, was uns begegnet, verwirklichen – im Großen wie im Kleinen.

„Der Wille zum Sinn", wird von Viktor Frankl (2015), österreichischer Neurologe und Psychiater, Begründer der Logotherapie und Existenzanalyse, Überlebender von vier Konzentrationslagern und wesentlicher Begründer einer beraterischen sinnorientierten Praxis beschrieben. Er sieht den Zusammenhang zwischen einem sinnvollen Leben und einer starken Handlungsmotivation. Die Sinnfrage ist dann für den Menschen hilfreich gestellt, wenn ich mich nicht frage, was um mich herum „Sinn macht", sondern, was **für mich** sinnvolles Wirken ist. Insofern ist es zwar sprachlich falsch zu sagen „etwas macht Sinn", aber sehr wohl folgerichtig, zu sagen: „Daraus ergibt sich für mich Sinn.". **Ich selbst „mache mir den Sinn".** Allein schon aus Gründen der Selbstwirksamkeit ist die Sinnperspektive eine psychologisch hilfreiche, denn Sie steht jeglicher Ohnmacht entgegen.

Eine gemeinsame Fokussierung auf eine sinnvolle Zukunft fördert Vertrauen in das System und den gemeinsamen Weg. Sinn schafft Orientierung, welche zu unseren psychologischen Grundbedürfnissen gehört. Gerade in Krisenzeiten, wenn ich in dem, was mir gerade begegnet, eher Unsicherheit erlebe, hilft etwas Stabilisierendes, was über das Hier und Jetzt hinausweist. „Wer ein Warum zum Leben hat, erträgt fast jedes Wie", so sagt Nietzsche. Gerade bei Entzweiungen ist die **Orientierung an sinn-stiftendem Höheren** die wichtigste Voraussetzung für ein neues Aufeinanderzugehen, eine Verbindung. Sinn ist so die dritte Komponente im Bunde, die Unstimmiges verbindet (vgl. Schmidt o. J., S. 42). Gemeinsamer Sinn muss erst gefunden oder gar erschaffen werden, in einem vertrauensvollen Sinndialog (vgl. Klinkhammer und Hütter 2018, S. 157). Die Suche nach dem gemeinsamen höheren Sinn und Ziel lässt die Beteiligten das Bindungshormon Oxytocin ausschütten. Gerade dann, wenn Orientierung fehlt, ist das Besinnen auf die gemeinsamen positiven Sinnerfahrungen wertvoll und dient der Sicherheit und dem Vertrauen in die gesamt unsichere Situation. Beate von Devivere (2021) hat ein beeindruckendes Werk zu „Sinn und Arbeit" verfasst, an dem ich mich in den folgenden Ausführungen anlehne.

Sinn in Organisationen ermöglichen

Um eine Kultur des Sinns in der Organisation aufzubauen, können Sie als Führungskraft bedeutungsvolle Ziele vorschlagen und deren Möglichkeiten für deren Umsetzung anstreben. Als Transformationsbegleiterin offerieren Sie Sinn als Thema, gerade bei Motivationsproblemen oder mangelndem Wirgefühl. Dabei können verschiedene Ebenen der Sinnverwirklichung in den Blick genommen werden (vgl. Devivere 2021, S. 60).

1) Die individuelle Ebene: Kann ich hier meine individuellen Ziele verwirklichen? Die können die Ziele bei der Arbeit sein, es kann jedoch auch um Ziele gehen, die die Arbeit eher tangieren, wie z. B. die Vereinbarkeit von Privatleben und Beruf – ein Ziel, welches die Generation Y und Z statistisch oft vorzuweisen hat.

Diese Themen sind zum Beispiel in Mitarbeitergesprächen gut platziert.

2) Die Herausforderungen der Gemeinschaft am Arbeitsplatz: In welcher Art der Kooperation sehe ich hier Sinn? Wie definieren wir unsere Zusammenarbeit? Ermögliche ich hier Sinnfindung?

Als Organisation oder Team an einem Sponsorenlauf teilzunehmen oder gemeinsam besondere Lebensereignisse von Kolleginnen zu begehen, reihum für den Kaffee zu sorgen und selbstverständlich Raum für informelle Begegnungen können hier Maßnahmen sein.

3) Die Organisation im Kontext der Gesellschaft: Inwiefern wird verstehbar und kommuniziert, welche Bedeutung, welchen Sinn die Arbeit der Abteilung für die Menschen hat? Gibt es Raum, sich diesen Sinn anzueignen und evtl. sogar einander Sinnmöglichkeiten zu eröffnen?

Einmal im Jahr zusammen zu kommen und die sinnvolle Ernte, die Wirksamkeit der Arbeit einander präsentieren und feiern wäre ein möglicher Schritt in diese Richtung. Überlegen Sie gern weiter, welche Maßnahmen die passenden für Ihre Organisation sind, um gemeinsam Sinn zu erleben.

Selbstführungskompetenz mit Sinn
Es gibt Kernkompetenzen für eine Führung und auch Selbstführung mit Sinn (vgl. Devivere 2021, S. 142). Es könnte sein, dass diese nicht nur Transformationen wahrscheinlicher machen, sondern auch zu Resilienz, wenn nicht gar zu mehr Glück führen. Ich habe sie im Folgenden als Affirmationen formuliert, damit Sie sich umso leichter angesprochen fühlen:

- Ich nutze die Freiheit, meine eigene Einstellung zu den Dingen und Ereignissen zu wählen. Ob ich auf das Defizit oder das Mögliche schaue, ist meine Wahl. Ich entscheide das bewusst.
- Ich bekenne mich bewusst zu meinen Werten und Zielen. Kein anderer kann diese erfüllen – ich bin für mein Leben und die Umsetzung meiner Werte selbst verantwortlich.

- In jedem Augenblick steckt etwas Sinnvolles. Auch wenn es nicht sofort erkennbar ist. Ich kann zu den Ereignissen in eine sinnvolle Handlung oder Haltung gehen. Ich lenke meine Aufmerksamkeit auf die Bewältigung der Lebensereignisse.
- Ich habe die Möglichkeit, mich selbst aus der Distanz zu betrachten. Diese Fähigkeit, die so nur dem Menschen zu eigen ist, gibt mir die Chance, bewusst auf mein Ziel und meine Werte hin zu handeln. Ich schaffe mir Gelegenheiten zur Selbstdistanz und mache es mir zur Gewohnheit.
- Ich bin nicht allein auf der Welt. Ich gehe über mich selbst hinaus und beziehe mich auf etwas in der Welt, was außerhalb meiner Selbst ist. Ich strebe Selbsttranszendenz an.

Selbsttranszendenz ist nach Viktor Frankl die über sich selbst hinausweisende Selbstverwirklichung:

„Es gibt zwei spezifisch menschliche Phänomene, durch die die menschliche Existenz charakterisiert wird. Das erste ist die Fähigkeit des Menschen, sich von sich selbst zu distanzieren. Eine weitere Fähigkeit des Menschen ist die Fähigkeit zur Selbsttranszendenz. Tatsächlich ist es ein konstitutives Merkmal des Menschen, dass es immer auf etwas anderes als auf sich selbst hinausweist und gerichtet ist… Nur in dem Maße, wie jemand diese Selbsttranszendenz der menschlichen Existenz lebt, ist er wirklich menschlich und zeigt sein wahres Selbst.". (Viktor Frankl, zit. nach Devivere 2021, S. 139).

Um das Konzentrationslager zu überleben, war es Frankls Berichten nach wesentlich, ein Ziel zu haben, welches sich selbst übersteigt. Wenn ich dieses hier platziere, dann nicht um moralische Vorstellungen einer Führungskraft zu konstruieren, sondern, um eine Möglichkeit aufzuzeigen, wie Vertrauen in und übrigens auch zu Organisationen durch Sinn selbst in Krisenzeiten gefördert werden kann. Der vertrauensvolle Sinndialog verstärkt diese Dimension.

Eine Form, um sich bewusst auf den eigenen Sinn, die Werte und das Ziel auszurichten, sind Fragen aus der bereits gelungenen Zukunft heraus zu stellen.

Blick zurück aus der erwünschten Zukunft

Angenommen, die gewünschte, sinnvolle Zukunft ist bereits eingetreten. Wir sind bereits dort und schauen zurück auf heute.

- Wie werde ich es geschafft haben, auf ein erfülltes Leben zurückblicken zu können?
- Wie werden wir es geschafft haben, dieses sinnvolle Projekt verwirklicht zu haben?
- Was werde ich getan haben, damit diese Zukunft eintreten konnte?
- Welche Zwischenschritte werden ich gegangen sein?
- Wie werden wir es geschafft haben, unsere Potenziale voll zum Zuge kommen zu lassen?
- Wie werden wir es zu gemeinsamen kreativen Lösungen geschafft haben?

Durch lösungsfokussiertes Zuhören auf die Antworten dieser Fragen können wir neue hilfreiche Ideen für eine (selbst-) vertrauenserweckende sinn-volle Zukunft heben.

Literatur

Baldwin C, Linnea A (2014) Circle: Die Kraft des Kreises. Gespräche und Meetings inspirierend, schöpferisch und effektiv gestalten. Beltz, Weinheim

Bandura A (1994) Self-Efficacy. In: Ramachaudran VS(Hrsg), Encyclopedia of human behavior. Academic Press, New York, S 71–81

zur Bonsen M, Maleh C (2012) Apprieciative Inquiry (AI): Der Weg zu Spitzenleistungen. Eine Einführung für Anwender, Entscheider und Berater. Beltz, Basel

Brown B (2017) Verletzlichkeit macht stark. Wie wir unsere Schutzmechanismen aufgeben und innerlich reich werden. Goldmann, München

Brown B (2018) dare to lead. Brave work. Tough conversations. Whole hearts. Vermilion, London

Burmeister L, Steinhilper L (2011) Gescheiter scheitern. Eine Anleitung für Führungskräfte und Berater. Carl Aucr, Heidelberg

Daimler R, Sparrer I, Varga V, Kibéd M (2008) Basics der Systemischen Strukturaufstellungen. Eine Anleitung für Einsteiger und Fortgeschrittene. Kösel, München

David S (2020) Emotionale Beweglichkeit. Unimedica im Narayana Verlag, Kandern, Für freie Entfaltung mit klarem Blick und offenen Geist

Devivere B (2021) Sinn und Arbeit. Antworten zur Sinnsuche im 21. Jahrhundert – Viktor E. Frankl und andere. Springer, Berlin

Dittmar V (2014) Gefühle & Emotionen. Eine Gebrauchsanweisung. Edition est, München

Drath K (2015) Neuroleadership. Was Führungskräfte aus der Hirnforschung lernen können. Haufe, Freiburg

Edmondson AC (2020) Die angstfreie Organisation. Wie Sie psychologische Sicherheit am Arbeitsplatz für mehr Entwicklung, Lernen und Innovation schaffen. Vahlen, München

Fischer M (2020) Die neue gewaltfreie Kommunikation. Empathie und Eigenverantwortung ohne Selbstzensur. Business Village, Göttingen

Förster A, Kreuz P (2020) Vergeude keine Krise! 28 Rebellische Ideen für Führung, Selbstmanagement und die Zukunft der Arbeit. Rebels at Work Media, Heidelberg

Frankl VE (2015) Der Wille zum Sinn. Hogrefe, Göttingen

Gergs HJ (2016) Die Kunst der kontinuierlichen Selbsterneuerung. Acht Prinzipien für ein neues Change Management. Beltz, Weinheim

Grawe K (2004) Neuropsychotherapie. Hogrefe, Göttingen

Gührs M, Nowak C (2014) Das konstruktive Gespräch. Limmer Verlag, Meezen, Ein Leitfaden für Beratung, Unterricht und Mitarbeiterführung mit Konzepten der Transaktionsanalyse

Hell, Daniel (2018) Lob der Scham. Nur wer sich achtet, kann sich schämen. Psychosozial-Verlag, Gießen

Hüther G (2016) Mit Freude lernen – ein Leben lang: Weshalb wir ein neues Verständnis vom Lernen brauchen. Sieben Thesen zu einem erweiterten Lernbegriff und eine Auswahl von Beiträgen zur Untermauerung. Vandenhoek und Ruprecht, Göttingen

Hüther G (2020) Wege aus der Angst. Über die Kunst, die Unvorhersehbarkeit des Lebens anzunehmen. Vandenhoek und Ruprecht, Göttingen

Hütter F (2018) Stabilität und Veränderung aus neurobiologischer Perspektive. In: Klinkhammer M, Hütter F, Stoess D, Wüst L: Change happens. Veränderungen gehirngerecht gestalten. Haufe, Freiburg, S 47–68

IFOTES-Europe e. V. (2017) listening-skills. https://docplayer.org/64629867-Trainermanual-telefonseelsorge.html. Zugegriffen: 30. Apr 2023

Kline N (2016) Time to think. Rowohlt Verlag, Reinbek bei Hamburg, Zehn einfache Regeln für eigenständiges Denken und gelungene Kommunikation

Luhmann N (2014) Vertrauen. UKV Verlagsgesellschaft mbH, Konstanz und München, Ein Mechanismus der Reduktion sozialer Komplexität

Marks S (o.J.) Menschenwürde und Scham. https://www.akademie-schoenbrunn.de/app/uploads/sites/2/2021/03/Fachtag-2011-Marks.pdf. Zugegriffen: 27. Jun 2023

Mierke, K, van Amern E (2019) Klare Ziele, klare Grenzen. Teamorientiert Nein-Sagen und Delegieren in der Arbeitswelt 4.0. Springer, Berlin

Neff K (2012) Selbstmitgefühl: Wie wir uns mit unseren Schwächen versöhnen und uns selbst der beste Freund werden. Kailash, München

Oesterreich B und Schröder C (2020) Agile Organisationsentwicklung. Handbuch zum Aufbau anpassungsfähiger Organisationen. Vahlen, München

Patterson K, Grenny J, McMillan R, Switzler, A (2012) Heikle Gespräche. Worauf es ankommt, wenn viel auf dem Spiel steht. Linder international, Wien

Purps-Pardigol, Sebastian (2021) Leben mit Hirn. Wie Sie Ihre Potenziale entfalten, egal, was um sie herum geschieht. Campus, Frankfurt a. M

Rosenberg M B (2016) Gewaltfreie Kommunikation: Eine Sprache des Lebens. Junfermann, Paderborn

Roth G und Ryba A (2019) Coaching, Beratung und Gehirn. Neurobiologische Grundlagen wirksamer Veränderungskonzepte. Klett-Cotta, Stuttgart

Schmidt G (o. J.) Wie Vertrauen als ko-evolutionäre Leistung entstehen kann (intrapersonell, interaktionell und in Organisationen)- die hypnosystemische Perspektive. https://docplayer.org/111611818-Wie-vertrauen-als-ko-evolutionaere-leistung-entstehen-kann-intraperonell-und-in-organisationen-die-hypnosystemische-perspektive.html. Zugegriffen: 30. Apr. 2023

Scott K (2019) Radical Candor. How to get what you want by saying what you mean. Pan Books, Dublin

4

Handeln – Die Interventionen an der Schwelle

Wir haben nun einiges zum Hintergrund von Transformationen und ihren Blockaden erfahren. Auch haben wir uns damit beschäftigt, welche Grundlagen dienlich sind, damit wir uns überhaupt auf das Wagnis der Transformation einlassen können: Wir brauchen Vertrauen in den Halter des Rahmens, die Kolleginnen und letztlich in die Organisation und den gesamten Prozess. Nun kommen wir zu den praktischen Interventionen, die genau an den Hemmnissen ansetzen, die in Kap. 2 beschrieben wurden. Es sind Interventionen, die das Überschreiten der Barrieren und damit kleine oder größere Transformationen wahrscheinlicher machen. Es sind zum Teil ganz einfach umzusetzende, zum Teil sehr sensible, zum Teil überaus kreative Interventionen, zu denen ich ermutige. Dabei unterscheidet sich dieses Kapitel zum Vorigen darin, dass es hier darum geht, aktiv an die bisherigen Schwellen, Grenzen und Hindernisse zu gehen. Ich folge auch hier dem Glaubenspolaritätenschema und unterscheide, an welchem Pol ich in den Prozess einsteige. Da es bei Transformationen auch darum geht, das Alte vorerst zu bezweifeln oder mindestens in den Hintergrund treten zu lassen, ist eine paradoxe Herangehensweise sinnvoll (vgl. Abb. 4.1): Aus Wissen wird Nicht-Wissen aus der Hin-Zu-Bewegung des Vertrauens wird eine Ver-

A. Hötger, *Mut zu Inner Work – die Hindernisse zur Transformation überschreiten*, https://doi.org/10.1007/978-3-662-68194-7_4

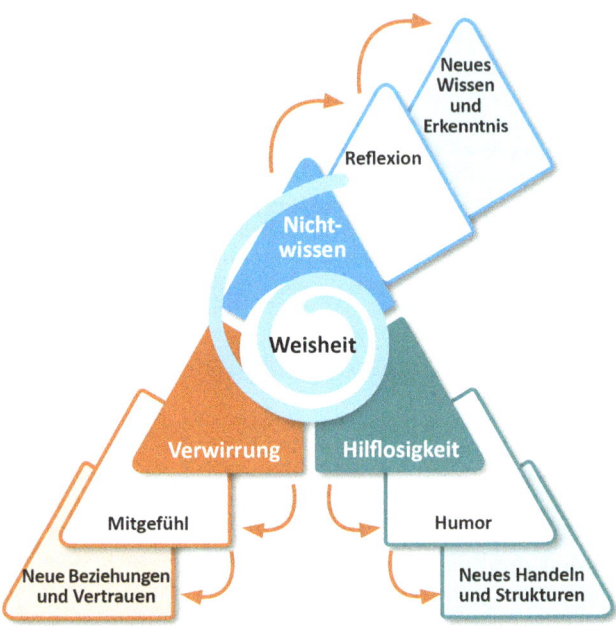

Abb. 4.1 Der weise Weg über die Gegenpole zur Transformation. (Quelle: Eigene Abbildung auf der Grundlage von Ferrari 2016)

wirrung und aus der Handlung wird eine Ratlosigkeit. Daraus entsteht die Irritation, durch die Veränderung möglich wird. Diese drei Aspekte sind wesentliche „ehrenwerte Helfer" (Ferrari 2021, S. 54) der Transformation und sorgen oft für die nötige Ausgangsspannung. Der Weg geht dabei jeweils über die der Weisheit zugeordneten Aspekte Mitgefühl (am Pol des Vertrauens), Reflexion (am Pol der Erkenntnis) und – man denkt es kaum – Humor (am Pol der Handlung).

Innerhalb der Pole berücksichtige ich sowohl Interventionen auf der Ebene des psychischen Systems als auch auf der Ebene des sozialen Systems. Im Gegensatz zu Abschn. 2.2 habe ich hier nicht zwischen Organisation und Team unterschieden, da auf Interventionsebene oft ähnliche Praktiken brauchbar sind.

4.1   Neues Denken – Der Change des Mindsets

Im GPA ist der weise Zugang zum Pol des Denkens die Reflexion. Dabei geht es darum, die bisherigen gedanklichen Grenzen zu überschreiten. Es braucht für diesen Zugang folglich eine gewisse Reflexionsbereitschaft und Reflexionsvermögen. Menschen und Kulturen, die sehr pragmatisch und funktional unterwegs sind, haben oftmals Schwierigkeiten, hier einzusteigen und bevorzugen den Pol des Tuns oder vielleicht des Vertrauens, bevor sie an Denkmustern arbeiten. Für Menschen, zu deren Alltag die Reflexion oder die Multiperspektivität gehört, ist dies sicher eine günstige Einflugschneise. Der Gegenpol zu Wissen und Erkenntnis ist das Nicht-Wissen. Wir müssen altes Wissen infrage stellen (oder das tut das Leben bereits), um Neues hineinzulassen. Herzliche Einladung und Ermutigung, mit diesen Anregungen – die Sie selbstverständlich an die Organisation und Ihre Erfahrungen anpassen – etwas Neues zu ermöglichen!

4.1.1   Kreative Denk- und Erzähl-Räume in sozialen Systemen eröffnen

Wir erinnern uns daran, dass es institutionelle Mythen auf Organisationsebene sind, die uns davon abhalten, bestimmte Denkhaltungen einzunehmen. In Teams ist es häufig das Gruppendenken, was Neues blockiert. In den hier vorgeschlagenen Interventionen geht es darum, das blockierende Denken, also die Hindernisse im Kopf aufzuspüren. Sie werden aus dem Dunklen gehoben, ins Gespräch gebracht und somit bereit zur Verwandlung.

Ein kulturprägender institutioneller Mythos kann nicht einfach aufgehoben werden, da er bislang Sicherheit gegeben hat. Ein Wegnehmen würde Widerstand auslösen. Die Bewusstmachung durch die Besprechbarkeit des Mythos jedoch führt bereits zu einer Möglichkeit der Modifizierung desselben – das heißt, wir können neue Geschichten erzählen. Neue Narrative können jedoch nur in die Organisation einsickern, wenn sie an die alte Sinngebung anschlussfähig sind. Dabei ist wichtig zu beachten, dass man durchaus mit neuen Strategien tief verankerte identitäts- und sinnstiftende Werte erfüllen kann.

Mit den begrenzenden Mythen ins Gespräch gehen – neue Geschichten erfinden

Vergleicht man unterschiedliche, auf Erfahrung beruhende Vorgehensweisen und Schemata für Veränderung, wie z. B. die Formel für Veränderungsmotivation oder die Dramaturgie der Heldenreise (vgl. Abschn. 2.1.2) so gibt es bestimmte immer wiederkehrende Elemente. Aus genau diesen Elementen besteht auch die Problem-Lösungsaufstellung von Matthias Varga von Kibéd (vgl. Daimler 2008, S. 142). Die Struktur dieser Aufstellung kann entweder im Aufstellungsformat oder einfach als Interview zu den einzelnen Strukturelementen dazu dienen, eine Geschichte der gelungenen Transformation zu entwickeln. Ich stelle hier die Elemente der Veränderung vor und statte sie mit den Fragen aus, die zu dem entsprechenden Inhalt führen.

- **Der Fokus:** Welches ist Ihre Ausgangssituation? Was ist gerade im Blick? Was ist problematisch?
- **Das Ziel:** Angenommen, das Problem wäre nicht mehr da, was wäre stattdessen da? Woran würden Sie erkennen, dass sich etwas verändert hat? Woran Ihre Mitarbeiter? Woran Ihre Kunden oder Klienten? Ggf. mit Zeitangabe: Angenommen, wir haben zwei Jahre später und die Veränderung ist gelungen, woran würden Sie merken…
- **Die Hindernisse:** Welche Ereignisse, innere Einstellungen, Einwirkungen von außen haben bislang die Veränderung verhindert oder erschwert? Was steht der Veränderung entgegen? (auf max. 3 bündeln)
- **Die (noch ungenutzten) Ressourcen:** Welche Ihrer Fähigkeiten könnten Sie in diesem Zusammenhang besonders gut gebrauchen? Welche Verbindung von außen könnte hilfreich sein? Welche Grundeinstellung oder Kultur unterstützt das Vorhaben?
- **Der verdeckte Gewinn:** Ausgehend davon, dass ein Problem nur stabil bleibt, wenn es einen verdeckten oder geheimen Gewinn gibt, gilt

es diesen in den Blick zu nehmen. Es ist oft der Preis, den wir zu bezahlen haben, wenn wir in die Veränderung gehen. Das Finden des verdeckten Gewinns ist wichtig, um den Rückfall in das alte Muster zu verhindern. Die Fragen dazu sind: Angenommen, die Lösung wäre in Ihren Händen – was wäre der größte Verlust? Oder paradox formuliert: Wozu wäre es gut, das Problem noch eine Weile zu behalten? Durch den Preis, den wir zahlen, wird die Lösung besonders kostbar.

- **Die zukünftige Aufgabe:** Welche Herausforderungen stehen Ihnen bevor, wenn der Erfolg dieses Prozesses eingetreten ist? Die zukünftige Aufgabe ist auch oftmals die tiefliegende Barriere zur Umsetzung des Ziels.

In einem Team oder einem Steuerungskreis quer durch die Organisation können diese Fragen nacheinander beantwortet werden. Alternativ gibt es zu jeder Position einzelne oder mehrere Personen, die sich in die Positionen einfühlen und daraus antworten. Es können auch die einzelnen Positionen mit Bodenankern im Raum positioniert werden. Dabei gilt es zu beachten, dass der Blick vom Fokus auf das Ziel und die zukünftige Aufgabe frei ist. Die Hindernisse werden in jedem Falle zwischen dem Fokus und dem Ziel liegen. Es könnte gut sein, dass sich der verdeckte Gewinn mit den Hindernissen auf eine Ebene stellt – fast wie eine Mauer – das kann aber auch anders sein. Die Ressourcen sollten den Fokus flankieren. Ansonsten können die Positionen nach dem Eindruck der das Anliegen ausführenden Personen angeordnet werden. Soweit die Basis der grundsätzlichen Problem-Lösungsaufstellung.

Um ein neues Narrativ zu entwickeln, welches ein Zukunftsszenario beinhaltet, vertiefen wir nun diese Elemente per Interview. Wir nehmen, die wohlgemeinte Zukunft hypothetisch vorweg.

Zunächst schmücken wir die Zielposition aus Stellen wir uns nochmal deutlich vor, das Ziel ist erreicht. Wie fühlt sich das an? Was ist dann anders? Wer würde das als erstes bemerken? Wer noch? Woran? (Unterschiedliche Perspektiven mit einbeziehen).

Nun gehen wir vom bereits erreichten Ziel aus und befragen die anderen Elemente Nachdem wir vorher die Hindernisse identifiziert haben, widmen wir uns ihnen nun in der vorweggenommenen Zukunft. „Wie hat das Ziel es geschafft, die Hindernisse zu überwinden?" Hier gilt es intensiv zu brainstormen und möglichst offen Ideen zu entwickeln. Dabei werden nun die Ressourcen mit ins Gespräch einbezogen: „Wo konntet Ihr hilfreich werden? Wann habt Ihr wo gestützt, geschützt, gefördert, gefordert?" Speziell gehen wir nun auf jeden Fall noch mit dem geheimen Gewinn ins Gespräch, denn er muss losgelassen werden. „Was wurde mit dem geheimen Gewinn gemacht? Welche Bedeutung hat er bekommen, damit das Ziel erreicht werden konnte? Wo wurde ihm vielleicht Ehre oder zumindest ein würdiger Platz zuteil?" Im Anschluss wird noch einmal das Ziel in den Blick genommen und gefragt: „Wie genau wurdest Du erreicht? Was wurde mit dem geheimen Gewinn gemacht? Was waren die entscheidenden Schritte, damit das Ziel erreicht werden konnte? Wofür waren die Hindernisse gut, wozu haben sie verholfen?"

Zum Schluss wenden wir uns noch einmal dem Fokus als Ausgangssituation zu Was möchten wir – aus der Position des erreichten Ziels nun dem Fokus sagen? Und andersherum. Was möchten wir – aus der Position des Fokus, also des Problems, nun dem Ziel sagen? Und wie geht es nun dem Fokus mit der künftigen Aufgabe?

Aus diesem Interview – entweder als Gesprächsrunde oder aber als Aufstellungsformat – ergibt sich eine vorweggenommene Erfolgsgeschichte. Die Geschichte des Changes vom Ausgangspunkt zum Ziel.

Zunächst ist die Vorwegnahme des Ziels und das Durchleben der Möglichkeit der Erreichung sehr wirksam für die Beteiligten – zumal, wenn es gelingen kann, authentisch Gefühle des Lustgewinns zu entfachen. Das Hineingehen in die Position von Strukturelementen fällt den Menschen erfahrungsgemäß leichter, als in die Rolle von Personen zu schlüpfen, weil sie nicht das Empfinden von richtig oder falsch haben – es ist ja ein scheinbar abstraktes Spiel. Diese Leichtigkeit und das Eröffnen von Möglichkeitsräumen bis hin zu der spielerischen „Entlarvung" des geheimen Gewinns führt zur Freude am Prozess und erleichtert in der Regel die Umsetzung erster Schritte. Die daraus gewobene Erfolgss-

tory kann nun in der Organisation weiter genutzt werden, um ein neues
Narrativ in die Welt zu setzen. Dies ist nur anschlussfähig, wenn der
alte Mythos **nicht** gebrochen, sondern würdig integriert wird. Der Held
steht bereits am Anfang auf der Grundlage einer anerkennenswerten
Geschichte.

Storytelling – neue Geschichten erzählen Aus der hier vorgestell-
ten vorhergehenden Arbeit, der Arbeit mit den Strukturelementen aus
der Problem-Lösungs-Aufstellung heraus – die ja bereits eine wirksame
Intervention für sich ist – lässt sich nun mit wenig Aufwand eine Vi-
sionsgeschichte entwickeln im Sinne einer Heldengeschichte (vgl. Abschn. 2.1.2). In einem kleinen Kreis (z. B. Führung und Stellvertreter
aus den unterschiedlichen Abteilungen) wird daraus nun eine Geschichte mit vereinfacht folgenden drei Phasen entwickelt:

- **Dem Aufbruch** aus der gewohnten Welt mit einem Ruf des Aben-
teuers bzw. der Abendteurer, mit einer Weigerung, loszugehen.
Ferner gehören dazu Mentoren und eine erste zu überwindende
Schwelle. Vielleicht könnte gar die Beratung bzw. die Berater an dieser Stelle einen Platz bekommen.
- **Zur zweiten Phase, der Initiation,** gehören diverse zu überwindende Hindernisse und Proben. Verbündete helfen im Umgang mit
Feinden. Schließlich gelangt man bis zur tiefsten dunklen Höhle und
nach der entscheidenden Prüfung erlangt man schließlich die Belohnung.
- **Die letzte Phase ist die Rückkehr** ins Alltagsgeschäft. Nun hat man
das Neue errungen, steht wie auferstanden neu da und mit dem hart
errungenen Preis kann man nun etwas Neues anfangen.

Dabei kann man neben dem Helden bestimmte Figuren, wie einen
Narren oder Mentor nutzen, um den Weg zu beschreiben.

Storytelling in Veränderungsprozessen ist eine Möglichkeit, den vorhandenen Ängsten Ausdruck zu verleihen und die gemeinsame Vision
als Anker neu zu stabilisieren.

„Die Entscheidung zum Schreiben einer gemeinsamen Erfahrungsge-
schichte in einer solchen Situation zeigt außerdem auch die Wertschätzung und das Vertrauen des Unternehmens gegenüber der Belegschaft."
(Thier 2016, S. 40).

Ist nun die Story auf der Grundlage der Problem-Lösungs-Aufstellung von einem kleinen Kreis im Sinne der Heldenreise literarisch verarbeitet worden, so kann und sollte die Geschichte in der Organisation
verbreitet werden (vgl. Thier 2016, S. 108 f.). Dazu kann in einem ersten Schritt in unterschiedlichen Organisationseinheiten die Story vor-
gestellt werden. Wichtig ist, dass die Resonanz darauf, incl. aller Ängste
kommuniziert wird. Die Lösungsvision kommt so in die Köpfe der gesamten Organisation. Die Hürden werden besprechbar und sind nicht
tabuisiert. Vielleicht kann der Narr für den Veränderungsprozess zum
Maskottchen werden, um die Mitarbeitenden, die auf diese Art und
Weise alle zum Helden werden, durch die Prüfungen zu manövrieren.

Wichtig ist, dass zeitnah nach der „Publikation" der Story eine
Routine in der Einrichtung etabliert wird, die etwas von dem Neuen
verwirklicht und alle stetig daran erinnert, dass sie ab heute auf Heldenreise sind. Dies könnte z. B. eine bestimmte Meetingform oder ein
Ritual innerhalb feststehender Meetings sein. Oder aber eine andere
Art der Sitzordnung oder Architektur, die neue Wege erzwingt und Ge-
sprächsräume eröffnet. Die leitende und stärkende Frage lautet „Woran
erkennen wir schon heute, dass wir auf der Heldenreise sind?".

Neues Denken in harmonischen Gruppen ermöglichen
Ein Fakt, der neues Denken in Gruppen blockiert, ist wie gesagt das
Gruppendenken oder Groupthink. Irvin L. Janis (nach Wellhöfer 1993)
hat bereits einige Gegenmittel herausgearbeitet. Dazu gehört die Auffor-
derung zu Kritik oder das Arbeiten in Kleingruppen. Auch das gezielte
Einbringen der Gegenposition (Advocatus Diaboli = Anwalt des Teu-
fels) ist ein gutes Mittel gegen die harmonische Einheitsmeinung. Von
Beginn einer Sitzung an bekommen ein oder zwei Personen die Aufgabe, den Sachverhalt immer kritisch von der Gegenposition her anzu-
fragen. Auch ist es oft sinnvoll, die Meinungsführer zum Schluss reden

zu lassen (vgl. Wellhöfer 1993, S. 69 ff.). Wesentlich ist darüber hinaus jedoch das, was Sie in einem prominenten Beispiel lesen können: Das Sprechen über ungeschriebene Gesetze.

Let's talk about unwritten rules – Ein Beispiel bei Bayer

Johannes Thönneßen berichtet in Management Wissen Online vom 07.07.2021 von einem interessanten Experiment bei Bayer. Anliegen des Experiments war eine Kulturveränderung in Sachen Vertrauen. Vertrauen ist, wie hier schon deutlich gemacht wurde, wesentlich für eine gute Zusammenarbeit. Mächtig in der Kooperation sind ungeschriebene Regeln, die jedoch nicht angetastet werden. Es gibt sozusagen ein Tabu über dieselbe. Ein Denk- und Handlungsverbot. Es gab offenbar einen Sponsor für die Initiative und ein Team namens „Trustful Teamwork", welches das Projekt im Sinne eines Experiments umsetzte. Dieses überdauerte sogar den Zusammenschluss mit Monsanto. Das ist insofern bemerkenswert, als dass die beiden Firmen eine unterschiedliche Kultur vorzuweisen hatten.

Auf internationaler Ebene wurden Workshops mit über 100 Teilnehmern durchgeführt, in denen die ungeschriebenen Regeln ausformuliert wurden. Der Schwerpunkt lag auf Vertrauen und Zusammenarbeit. Insgesamt wurden 250 Regeln gefunden und veröffentlicht. Diese Regeln, die sich aus den unterschiedlichen Workshops sehr ähnelten, wurden zusammengefasst. Eine davon hieß beispielsweise „Hinterfrage nie den Status Quo" Die Resonanzen auf die Regeln bei den Stakeholdern waren sehr unterschiedlich: Von Bestätigung bis Abwehr. Die Veränderung lief dann nicht über von oben beschlossenen Maßnahmen, sondern wiederum über Kommunikation. Es wurde in weiteren Workshops der ursprüngliche Sinn und Nutzen der Regeln besprochen – und damit bereits eine der Regeln gebrochen: „Hinterfrage nie den Status Quo". Man schaute, welche Regeln aktuell weniger nützlich sind und erarbeitete dazu Alternativen – diesmal aber ausgesprochen und nicht tabuisiert. Wie so oft veränderte bereits das offene Gespräch über die Normen das Vertrauen.

Doch auch nach den Workshops fand das Experiment noch einen weiteren Kreis in der Organisation durch die Veröffentlichung von provokanten Beiträgen zu den Regeln im internen Magazin. Man verknüpfte das Thema mit Mitarbeitergesprächen, dem neuen Leitbild und schaffte neue digitale Kollaborationstools. Dadurch wurden am Ende 30.000 Mitarbeiter erreicht. Hier gelang folglich Vertrauen über Kommunikation. Man könnte sagen, man hat sich in die Ursprünge der Regeln und damit in die Menschen, die diese haben entstehen lassen, hineingefühlt. So konnte durch offene Kommunikation neues Vertrauen und eine neue Kultur entstehen.

„Das grundlegend Neue hat in einer Kultur erst dann eine Chance zur Verwirklichung, wenn auch die verdeckten Regeln bewusst gemacht, gezielt irritiert und durch andere Regelwerke ersetzt worden sind." (Kruse 2020, S. 112).

Ferner ist es eine hilfreiche Maßnahme gegen Groupthink, bei wichtigen Fragen hin und wieder Außenstehende einzuladen und frank und frei mitzudiskutieren. Mutig die Dinge anzusprechen, bringt neuen Freiraum.

Eine denkende Umgebung schaffen

In welcher Umgebung können Sie frei und kreativ denken? Für innovative Ideen und Transformationen brauchen wir ein „Thinking Environment" (vgl. Kline 2016, S. 31), Bedingungen, in denen wir uns gesehen und geschützt fühlen. Um psychologische Sicherheit (vgl. Abschn. 3.1.4) zu verwirklichen, sollte die „Umgebung des Denkens" ein ermutigender Ort sein, der die Einmaligkeit eines Jeden und seine Ideen würdigt. Ziel ist es, das eigenständige Denken möglichst aller Beteiligten für die Organisation nutzbar zu machen.

Die zehn Komponenten des Thinking Environments

- **Aufmerksamkeit** – Zuhören mit Respekt, Interesse und Faszination
- **Incisive Questions** – Beseitigung von Annahmen, die Ideen einschränken (vgl. Abschn. 4.1.2)
- **Gleichheit** – Gleichbehandlung aller in Bezug auf das Denken:
  - Gleiche Redezeit und gleiche Aufmerksamkeit für alle
  - Beachten von Vereinbarungen und Grenzen
- **Wertschätzung** – Fünf-zu-eins-Verhältnis von Anerkennung zu Kritik (!)
- **Gelassenheit** – Befreiung von Hetze und Dringlichkeit
- **Ermutigung** – Den Wettbewerb hinter sich lassen
- **Gefühle** – Zulassen von Gefühlen, um sich zu erleichtern und das Denken wieder fruchtbar zu machen
- **Information** – Bereitstellung eines vollständigen und genauen Bildes der Realität
- **Ort** – Schaffung einer konkreten Umgebung, die dem Menschen widerspiegelt: „Du bist wichtig"
- **Diversität** – Qualitative Verbesserungen aufgrund der Unterschiede zwischen Menschen (Kline 2016, S. 45).

Die Umsetzung dieser Punkte schafft einen Raum, in dem das ausgesprochen wird, was die Einzelnen bewegt. Sie sind schnell gelesen, doch nehmen Sie sie mal mit in Ihre nächste Sitzung als Checkliste. Oder die folgende Liste, die beispielhaft zeigt, was sie tun müssen, um Denken zu verhindern:

- Alle tröpfeln nach und nach in die Sitzung.
- Wenn der Letzte gekommen ist, geht der Erste schon wieder.
- Zwischendurch gehen Einzelne zum Telefonieren raus oder schreiben Nachrichten.
- Es reden weniger als 50 % der Anwesenden – die dann aber umso mehr.
- Es gibt so viele TOPs, dass jeder weiß, dass sowieso nur die Hälfte abgearbeitet wird.
- Der Fokus wird nicht gehalten – immer wieder reden Einzelne über unwesentliche Seitenstränge.
- Es gilt die informelle Regel: Wir reden hier nur über Fakten – die emotionalen Befindlichkeiten werden über Sachthemen ausgefochten.
- Es ist klar, dass am Ende doch nur einer entscheidet.
- Der Raum ist eng, dunkel und stickig – es gibt unbequeme Stühle und nichts zu trinken.
- Die Leitung hat Stress – weil sie gerade aus einer anderen Sitzung angehetzt kommt und eigentlich auch schon wieder in der nächsten sein müsste.
- ….

Setzen Sie gern die Liste mit eigenen Erfahrungen fort – dann wissen Sie, was zu tun ist, um eine denkende Umgebung zu schaffen – mit der Perspektive auf innovative Gedanken.

Think-Pair-Share – das Denken eines Jeden mit einfließen lassen
Bereits in den Regeln gegen Groupthink von Janis (s. o.) werden Kleingruppen empfohlen. Die klassische Methode, um Einheitsmeinungen zu brechen nennt sich „Think-Pair-Share". Dabei lassen wir zuerst in Einzelarbeit eine Einzelmeinung erarbeiten. Das machen wir am besten

schriftlich, damit auch im Austausch die eigene Meinung nicht untergehen kann. Anschließend tauschen sich zwei Personen aus. Dabei ist es wichtig, dass jede Erzählerin ihre eigene Erzählzeit hat und das Gegenüber nur zuhört und lediglich zum Schluss Verständnisfragen stellt. Nach der Hälfte der Zeit wechseln die Positionen. Dieser Schritt zu zweit ist wichtig, um einmal die eigene Meinung in einem kleineren, sicheren Raum ausgesprochen zu haben. Ferner gibt es nun eine „Zeugin" der eigenen Meinung, bevor im Plenum die einzelnen Meinungen geäußert werden. Diese Methode sorgt also für den diversen Blick und steuert Groupthink entgegen.

Diese Methode lässt sich in größeren Gruppen auch abwandeln in die Konstellation: 1-2-4 – also Einzelarbeit, Besprechung in Paaren, dann Weiterführung in Quartetts, bevor man sich dem Plenum gegenüber öffnet.

Thinking Pairs – zu zweit im Takt

Das Äußern unfertiger Ideen und Gedanken in großen Gruppen ist oft schwer. Wenn es einschränkende Annahmen im Raum gibt oder aus irgendeinem Grund das Gespräch in der Gruppe stockt, werden denkende Paare geschaffen. In diesen Zweierkonstellationen äußert erst die eine dann der andere die je eigenen Gedanken. Dies kann z. B. im sogenannten „getakteten Sprechen" geschehen. Dabei wird ein Timer auf 3 min gestellt und man spricht jeweils abwechselnd. Es wird nach Möglichkeit nicht unterbrochen, allenfalls, wenn etwas sonst unverständlich bleibt. Man macht so viel Durchgänge, wie die Klärung der Angelegenheit braucht. Innerhalb einer plenaren Situation kann man durchaus die Anzahl der Durchgänge vorher klären. Hier wird das Prinzip der gleichen Redezeit benutzt.

Der Effekt einer solchen geschützten Gesprächsform ist die gegenseitige Befeuerung von Ideen. Was dabei herauskommt ist oft erstaunlich und etwas qualitativ viel ausgereifteres, als eine einzelne Person es denken könnte. In Alltagsgesprächen, in denen oft zwei Parallelmonologe sich abwechseln, geschieht dies nicht, weil durch die fehlende Struktur sowohl das Zuhören als auch das konzentrierte Sprechen fehlen.

Fragen, die Neues zu Tage fördern
Neben diesen grundlegenden Prinzipien führt es in einer Gruppe oder einem Team häufig zu einem Quantensprung in der Entwicklung, wenn die entscheidende Frage gestellt wird.

> „Wenn ich eine Stunde Zeit hätte, ein Problem zu lösen, von dem mein Leben abhängt, würde ich die ersten 55 min damit verbringen, die richtige Frage zu stellen. Kenne ich diese, könnte ich das Problem in weniger als fünf Minuten lösen." (Albert Einstein).

Es gibt einige Prinzipien zum Stellen von Fragen. Da wir als Begleiter von tiefgreifenden Veränderungsprozessen in der moderierenden Rolle sind, sollten wir uns in der Kunst, Fragen zu stellen gut üben. Zunächst ein paar grundsätzliche Regeln (vgl. auch Baldwin und Linnea 2014, S. 131):

- Stellen Sie keine Fragen, von denen Sie meinen, die Antwort schon zu kennen.
- Es gibt keine falschen Antworten.
- Seien Sie neugierig!
- Die Frage muss so offen sein, dass alle etwas dazu sagen können und so fokussiert, dass es dem Ziel dient.
- Meinen Sie nicht zu früh, etwas verstanden zu haben. Fragen Sie weiter, bis klar wird, worum es dem Gegenüber geht.
- Nutzen Sie attraktive Wörter in der Fragestellung, die Energie und Visionen anregen.
- Gute Fragen beinhalten auch mal die Perspektive anderer.
- Fragen Sie nach dem Sinn hinter dem Ansinnen.
- Hören Sie auf Ihr Bauchgefühl, wann der richtige Zeitpunkt für tabubrechende Fragen ist.

Der richtige Zeitpunkt für eine Frage, die Blockaden in einer Gruppe auflösen kann, hat viel mit dem Erregungszustand der Gesamtgruppe zu tun. Auch hier braucht es eine Wohlspannung, die keine Hochspannung ist. Dann ist die Kunst, eine Frage so zu stellen, dass für alle ein Teil des Tabubruchs bereits in der Fragestellung geschehen ist. Wenn ich

z. B. frage „Gibt es etwas in Bezug auf die Gruppe oder ihr Ziel, was Ihnen Unbehagen bereitet?", dann unterstelle ich, dass es Unbehagen gibt. Negative Gefühle sind dann also kein Tabu und man darf darüber sprechen. In diesem Sinne finden Sie hier noch weitere Exemplare für die Moderation in Teams oder der Projektgruppe, in der gerade Blockaden die Entwicklung stagnieren lassen. Sie speisen sich aus diversen Fortbildungen (z. B. bei Matthias zur Bonsen und Jutta Herzog) und der persönlichen Erfahrung.

Fragen, die Blockaden lösen können

- „Was müssen Sie sagen, damit Sie wirklich ganz hier sein können?"
- „Wie sehr sind Sie bereit, sich hier wirklich einzulassen (ggf. mit Skalierung)?"
- „Angenommen, Sie hätten doch einen kleinen Einfluss: Welche kleine Änderung könnten Sie in Ihrem Denken oder Verhalten vornehmen, um die gegenwärtige Situation zu verändern?"
- „Wenn es eine einzige Denk- oder Handlungsweise gäbe, die die Situation möglicherweise verbessern würde, welche wäre das?"
- „Was können Sie (als Team) außerdem noch sein?"
- „Wie fassen Sie mehr Mut, aufrichtig miteinander zu sprechen?"
- „Welche Sicherheiten und Regeln brauchen Sie hier, damit wir dieses Thema gemeinsam ansprechen können?"
- „Was taucht jetzt gerade auf, wenn Sie an Thema XY denken?"
- „Gibt es einen Elefanten im Raum, über den wir reden sollten, bevor er noch größer wird?"
- „Was sind die mutigen Gespräche, die wir bislang nicht führen und die uns auf eine neue Ebene heben würden, wenn wir sie führten?"

4.1.2 Persönliche Vorannahmen infrage stellen

Unser Bewusstsein prägt unsere Einstellungen und Herangehensweisen. Im Gehirn haben wir ein „Tor zum Bewusstsein", den Thalamus. Alle Sinneseindrücke – mit Ausnahme des Geruchssinns – werden in diesem Kerngebiet verschaltet. Man könnte auch sagen, es ist eine Vorsortiermaschine. Je nachdem, wie dieses Tor durch unsere Vorannahmen geformt ist, wird unser Gehirn aktiviert – oder eben auch nicht. Darum ist es so wichtig, die für unser Leben förderlichen Annahmen zu prägen.

Die hindernde Annahme aufspüren – und eine befreiende Annahme formulieren

Wir alle haben Vorannahmen und Glaubenssätze – nur so können wir überhaupt durch die Komplexität des Lebens navigieren. Doch Veränderungen an anderen Stellen machen alte Vorannahmen zu einem Hindernis. Anpacken können wir diese mit der sogenannten Incisive Question (Kline 2016, S. 213 f.), also einer prägnanten, entscheidenden Frage. Dabei gilt auch hier die Spannung als Ausgangspunkt. Diese kommt durch das Ziel zustande, welches nicht zu erreichen zu sein scheint. Ähnlich wie in der Problemlösungsaufstellung haben wir neben dem Ziel das Hindernis im Blick – diesmal ausschließlich als hindernde Annahme. Die Frage danach ist die „Grundannahmen-Suchfrage". Diese Grundannahmen sind auf einer tiefen Ebene verankert und handeln entweder darüber, wie oder wer man selbst ist oder davon, wie das Leben ist oder funktioniert. Die Kunst bei der Incisive Question ist es, an die wirklich tiefe Grundannahme zu kommen, die blockiert. Ob ich als Coach den Kern getroffen habe, ist über die emotionale Erregung des Gegenübers spürbar. Über die Grundannahme komme ich zu dem positiven Gegenteil und der entsprechenden Incisive Question.

Hier der Ablauf (nach Kline 2016, S. 190 f.) anhand meiner eigenen Blockaden, dieses Buch zu schreiben – in einem Selbstcoaching angewendet.

1. **Formulierung des Ziels:** Was wollen Sie erreichen? *(Ich möchte ein Buch schreiben.)*
2. **Grundannahmen-Suchfrage:** Welche Annahme könnte Sie daran hindern, das Ziel zu erreichen? *(Ich habe sowieso nichts Neues zu sagen. Mich kennt noch kein potenzieller Leser. Das liest niemand.)* **Überprüfung:** Handelt es sich um eine a) **Grundannahme** *(ist hier noch nicht enthalten)*, b) **um einen Fakt** *(Ich habe keinen Bekanntheitsgrad)* c) **um einen spekulierten, möglichen Fakt** *(Es kann sein, dass es niemand liest; Ich habe sowieso nichts Neues zu sagen)*. Bei Fakt kann man es einfach umdrehen *(Angenommen, Du hättest bereits einen Bekanntheitsgrad)* – das bringt neue Gedanken. Das ergibt jedoch keine veränderte Grundannahme, sondern lediglich eine Erweiterung des

Denkrahmens, neue Ideen – aber keine tiefgreifende Veränderung. Bei einem möglichen, spekulierten Fakt, z. B. einer Befürchtung *(Es kann sein, dass es niemand liest)* liegt eine Grundannahme **dahinter.** Will ich an die Grundannahme kommen, die hinter der Äußerung des Faktes steht, frage ich in folgender Weise weiter: **„Das ist möglich. Aber welche Annahme steckt dahinter und führt dazu, dass Sie das hindert, Ihr Ziel zu erreichen?"** *(Meine Gedanken sind vielleicht nicht wertvoll genug für andere. Ich investiere viel Zeit in etwas, was nicht nachweislich nützlich ist. Ich darf nur etwas tun, was effektiv ist.)* Welche Annahme ist die hinderlichste, berührendste, tiefgehendste? Kurze Formulierung. Nicht länger als 10 Worte. *(Ich bin auf der Erde, um nützlich zu sein.)*

3. **Das positive Gegenteil finden.** „Was ist Ihr positives Gegenteil davon … " *(etwas aus Lust und Neugierde und echter Freude zu tun)*

4. **Formulieren der Incisive Question:**

   * Hypothese: *(„Wenn Sie wüssten …, Angenommen Sie sind …")*
   * Befreiende wahre Annahme *(„dass Sie auch und ganz wesentlich dazu da sind, Dinge aus Lust und Neugierde und echter Freude zu tun")*
   * Verbindung der neuen Annahme mit dem Ziel: *„Was ändert sich dann in der Situation? Wie gehen Sie dann an das Thema, das Projekt, das Ziel heran? Wie genau?"*

5. **Wiederholung der Frage.** Die Incisive Question genauso oft fragen, wie etwas zurückkommt. Dabei werden Ideen generiert.

Dass ich an dieser Stelle so persönlich werde, hat den Grund, dass ich es als echte und wirksame Befreiung empfunden habe (schließlich halten Sie das Buch nun in den Händen), dieser alten, tiefsitzenden Blockade auf den Grund zu gehen – und Sie deshalb selbst dazu motivieren möchte. Wesentlich bei der Suche nach der Grundannahme ist Geduld. Sie ist erst dann gefunden, wenn der Coachee im entspannten Kontakt mit der Aussage eine Betroffenheit spürt.

Der häufigste handwerkliche „Fehler" geschieht dadurch, dass ein spekulierter Fakt mit einer hinderlichen Grundannahme verwechselt wird. Hinter einem spekulierten Fakt steckt häufig eine Sorge, wie hier

z. B., dass niemand das Buch liest. Die blockierende Grundannahme wird nicht tangiert, wenn ich frage: „Wenn Sie wüssten, dass dieses Buch viele Menschen dankbar lesen, was ändert sich dann?". Es könnte sein, dass es dann zu einer Gegenwehr kommt: „Das können Sie doch gar nicht wissen!". Es steht dann Aussage gegen Aussage. Falls sich der Coachee jedoch darauf einlässt, würden Sie durch diese Frage dennoch positive Bilder wecken, die eine neue Aufmerksamkeitsfokussierung auslösen – von der ebenfalls eine Wirksamkeit ausgeht.

Zur nachhaltigen Veränderung gehört im Anschluss eine sich täglich wiederholende Erinnerung an die neue Grundannahme. Es könnte z. B. eine Morgenreflexion sein: „Woran erkenne ich heute, dass ich auch dazu da bin, etwas aus Lust und Neugierde zu tun?" oder am Abend: „Woran habe ich heute gemerkt, dass ich auch dazu da bin, aus Lust und Neugierde zu handeln?" (vgl. Abschn. 4.3.2).

Den Öko-Check machen

Die alte Grundannahme hat über Jahrzehnte das Leben geprägt und ist tief verankert. Um mir meiner Bindungen an das Alte bewusst zu werden und es dadurch aufweichen und neu ordnen zu können, helfen die Fragen aus dem Öko-Check des NLP. Diese sind, wie der Name schon sagt, dazu da, zu checken, wie hoch **der Preis ist, wenn ich diese Veränderung eingehe**. Es macht mir bewusst, was ich investieren muss, und lässt mich meine Investition auch noch einmal überlegen. In meiner Wahrnehmung sind die folgenden Fragen insbesondere bewusstseinsbildend. Sie lassen mein Gegenüber an das tiefliegende Thema kommen, welches so stark bindet und bislang die Veränderung verhindert hat. Es macht bewusst, womit ich das Neue in Verbindung bringe. Oft hindert mich eine Vermischung oder Verwechslung mit Menschen oder Situationen aus früherer Zeit (vgl. Daimler 2008, S. 378 f.) daran, das Alte hinter mir zu lassen. Im Folgenden habe ich einige Fragen aus dem Öko-Check aufgelistet und in Klammern die tiefere Bedeutung für das Anhaften am Alten ausgeführt, die in der weiteren Beratung eine Rolle spielen können aber nicht müssen. Die Fragen in Klammern führen zum Teil auf therapeutisches Terrain, sind also für den Coach eher als mögliche Leitidee zur Hypothesenbildung hilfreich, während die vorangestellten Fragen in der Regel bei gutem Kontakt anschlussfähig sind und dem Coachee die Freiheit lassen, selbst zu bestimmen, wie tief gearbeitet wird.

- Wer würde leiden, wie würden andere reagieren? (Frage nach tiefen Bindungen. Mit wem fühlen Sie sich so verbunden, dass Sie ihn nicht kränken oder verletzen möchten? Gibt es einen geheimen moralischen Auftrag, die eigenen Bedürfnisse hinter die des anderen zu stellen? Gibt es eine Identifikation mit dieser Person?)
- Was könnten Sie dann nicht mehr tun, was geht dann nicht mehr? Was würden Sie verlieren? (Woran hängt Ihr Herz? Was sind Ihr Werte und Lebensmotive? Was sind Ihre Bedürfnisse? Sind dies echte Bedürfnisse oder eher Ersatzgefühle?)
- Was befürchten Sie, könnte noch passieren? (Was sind Ihre tiefen Ängste und Unsicherheiten? Gibt es da eine alte Erfahrung? Gibt es eine Art Fluch aus der Vergangenheit, der dazu dient, der alten Zugehörigkeitsgruppe gegenüber loyal zu bleiben? Ist das überwindbar? Wenn ja – was gäbe Ihnen die Sicherheit, um diese Unsicherheit auszuhalten?)
- Welche Vorteile hat der gegenwärtige Zustand? (Frage nach dem geheimen Gewinn des Alten: Wozu dient das Problem? Welchen Sinn hat es? Woran bleiben Sie gebunden, wenn Sie beim Alten bleiben?)
- Wem würden Sie unähnlicher? (Frage nach Identifizierungen, Loyalitäten und Delegationen. Wen würden Sie verraten? Welchem Auftrag würden Sie nicht gerecht?)
- Wie können Sie das Positive des Alten beibehalten, während Sie sich in die gewünschte Richtung ändern? (Frage nach der Loyalität zu dem Alten, während neue Wege gegangen werden: Eine Lösung aus dem Dilemma)

Gerade die Frage nach der Unähnlichkeit kann Bewusstheit herbeiführen und Klarheit bringen. In einem zweiten Schritt ist es dann wichtig, eine Form des Neuen zu finden, indem das Alte nicht verraten oder verleugnet wird, wie in der letzten Frage auch angedeutet wird. Es geht immer auch darum, das Alte zu würdigen – es hatte zumindest an anderer Stelle eine Bedeutung und einen Sinn.

Wie ich jemandem treu bleiben und mich doch verändern kann – Endlich frei für die Karriere

Als eine Frau auf dem Weg, den nächsten Karriereschritt zu gehen, kam Frau M. zu mir in die Beratung, die gerade neben Familie und Arbeit eine Qualifizierung absolvierte. Sie spürte, dass es ihr schwerfiel, ein Zeitmanagement zu finden, in dem Platz für das Neue war. Sie war es gewohnt, die Dinge dann zu tun, „wenn das Leben danach ruft", statt mittel- und langfristig strategisch und planvoll zu handeln. Auf die Frage hin, wem sie unähnlicher würde, wenn sie nun disziplinierter, strukturierter handeln würde, kam Traurigkeit in ihr hoch. Ihr sehr früh verstorbener Vater war ein Lebemann – ganz im Gegensatz zu ihrer Mutter. Sie liebt ihren Vater sehr. Die Mutter war laut Erinnerung von Frau M. oft ärgerlich auf den selbstständig tätigen Vater, weil sein Lebensstil eine große, auch wirtschaftliche Herausforderung für die Familie bedeutete. Frau M. hat jedoch die entspannten Urlaube, die Präsenz, Gelassenheit und Fröhlichkeit des Vaters in Erinnerung und fühlt sich ihm sehr verbunden. Diese Loyalität zu ihm hat dazu geführt, dass ihr die menschliche Begegnung immer wichtiger war als der Erfolg. Die Freiheit spontan zu Handeln war ihr immer ein höheres Gut als die planvolle Zielverfolgung. Das führte in der Vergangenheit dazu, dass sie keine größere Anstrengungsbereitschaft für Karriere in Kauf nahm. Doch nun, in der Lebensmitte, kam die Motivation auf, mehr von ihrem Potenzial zu entfalten. Doch immer wieder durchkreuzte sie ihre eigenen Planungen, ihre eigene Struktur im Kalender. Im Coaching würdigte die Coachee ihren Vater und seine Lebensart im Rollenspiel, bekam durch ihn die Erlaubnis für ihren Weg und sie gab beiden Anteilen einen Platz im Leben: Sie setzte sich Zeiten, in denen sie der Lebensart des Vaters voll folgen konnte – und fand dadurch im Alltag die Möglichkeit der zielführenden Struktur.

Die Nicht-Verleugnung des Alten ist wesentlich, um Neues zu ermöglichen. Tiefsitzende, mit starker Bindung gekoppelte Glaubenssätze können nicht einfach durch Umformulierung zur Transformation gebracht werden. Hilfreich ist, für das neue Verhalten ebenso Situationen und vielleicht auch Personen als Ressource zur Hilfe zu nehmen. Nur durch die Anregung der älteren Hirnschichten, die auch Körper und Emotion und bildhaftes Denken miteinbeziehen, kann die Idee von Machbarkeit entstehen und ziehende Motivation entfacht werden.

4.2 Fremdes vertraut machen – Wandlung durch neue Beziehungen

Der Gegenpol zum Vertrauen ist die Verwirrung. Es geht darum, die alten Gewissheiten in sozialen Systemen loszulassen und sich einzulassen auf das Ungewisse im Gefühl und Kontakt. Der Weg dahin führt über Mitgefühl. Es geht also darum, sich auf ein neues Miteinander und Begegnung einzulassen, etwas aus den Augen anderer zu sehen und Wertschätzung für vielfältige Menschen zu bekommen. In Kap. 2 haben wir uns vor allem mit der grundlegenden professionellen Vertrauensbeziehung zwischen der intervenierenden Person und dem System der Veränderung befasst und damit, wie insgesamt ein Gefühl des Vertrauens in den Menschen steigt, um besser mit Unsicherheiten umgehen zu können. Hier geht es darum, wie der Intervenierende veränderungsfreundliche Räume für neue Begegnungen im System eröffnet. Gerade für Menschen oder Kulturen, in denen es stark um Zugehörigkeit geht, kann der Weg der tiefgreifenden Veränderung über vertrauensvolle Beziehung gelingen, wie man es z. B. auch erlebt durch eine neue Liebe oder tiefe Freundschaft, eine neue Wohnform wie z. B. eine Wohngemeinschaft oder einen Umzug in ein anderes soziales Umfeld. Die Veränderung an den Polen der Erkenntnis und der Handlung folgen dann fast automatisch.

4.2.1 Auf andere Kulturen zugehen

„Wenn zwei Menschen immer wieder die gleichen Ansichten haben, ist einer von ihnen überflüssig."
(Winston Churchill)

Bewusstsein über die eigene „Blase" bekommen
Wir sind gern unter Unseresgleichen (vgl. Abschn. 2.2.2): im gleichen sozialen Milieu, mit ähnlichen Werten und Verhalten. Das verhindert den Umgang mit dem Fremden, mit Überraschungen in Meinungen, Kulturen und Herangehensweisen. Ein erster Schritt Richtung Verän-

derung ist das Bewusstwerden der eigenen Verhaltensweisen und Werte aber auch der Privilegien und Abgrenzungen zu anderen Gruppierungen. Dazu hilft bereits ein Blick auf die Sinus-Milieus (Sinus-Milieu-Studie) oder auf die Diversity Dimensionen (vgl. Charta der Vielfalt) – hier kann ich mich selbst einordnen und relativieren.

In welcher „Blase" sind Sie unterwegs? – Eine Kurzbeschreibung der Sinusmilieus
Leitmilieus:

- **Konservativ-Gehobenes Milieu**
  Die alte strukturkonservative Elite: klassische Verantwortungs- und Erfolgsethik sowie Exklusivitäts- und Statusansprüche; Wunsch nach Ordnung und Balance; Selbstbild als Fels in der Brandung postmoderner Beliebigkeit; Erosion der gesellschaftlichen Führungsrolle
- **Postmaterielles Milieu**
  Engagiert-souveräne Bildungselite mit postmateriellen Wurzeln: Selbstbestimmung und -entfaltung sowie auch Gemeinwohlorientierung; Verfechter von Post-Wachstum, Nachhaltigkeit, diskriminierungsfreien Verhältnissen und Diversität; Selbstbild als gesellschaftliches Korrektiv
- **Milieu der Performer**
  Die effizienzorientierte und fortschrittsoptimistische Leistungselite: globalökonomisches und liberales Denken; gesamtgesellschaftliche Perspektive auf der Basis von Eigenverantwortung; Selbstbild als Stil- und Konsum-Pioniere; hohe Technik- und Digital-Affinität.

Zukunftsmilieus: Neuorientierung, Mulitoptionalität, neue Synthesen:

- **Expeditives Milieu**
  Die ambitionierte kreative Bohème: Urban, hip, digital, kosmopolitisch und vernetzt; auf der Suche nach neuen Grenzen und unkonventionellen Erfahrungen, Lösungen und Erfolgen; ausgeprägte Selbstdarstellungskompetenz, Selbstbild als postmoderne Elite

- **Neo-Ökologisches Milieu**
  Die progressiven Realisten: Optimismus und Aufbruchsmentalität bei gleichzeitig ausgeprägtem Problembewusstsein für die planetaren Herausforderungen; Selbstbild als Changemaker und Impulsgeber der globalen Transformation;
  Offen für neue Wertesynthesen: Disruption und Pragmatismus, Erfolg und Nachhaltigkeit, Party und Protest; Nachhaltiger Lebensstil ohne Verzichtsideologie.

Moderner Mainstream: Individualisierung, Selbstverwirklichung, Genuss:

- **Adaptiv-Pragmatische Mitte**
  Der moderne Mainstream: Anpassungs- und Leistungsbereitschaft, Nützlichkeitsdenken, aber auch Wunsch nach Spaß und Unterhaltung; starkes Bedürfnis nach Verankerung und Zugehörigkeit; wachsende Unzufriedenheit und Verunsicherung aufgrund der gesellschaftlichen Entwicklung; Selbstbild als flexible Pragmatiker
- **Konsum-Hedonistisches Milieu**
  Die auf Konsum und Entertainment fokussierte (untere) Mitte: Spaßhaben im Hier und Jetzt; Selbstbild als cooler Lifestyle-Mainstream; starkes Geltungsbedürfnis; berufliche Anpassung vs. Freizeit-Eskapismus; zunehmend genervt vom Diktat der Nachhaltigkeit und Political Correctness
- **Prekäres Milieu**
  Die um Orientierung und Teilhabe bemühte Unterschicht: Dazugehören und Anschlusshalten an den Lebensstandard der breiten Mitte – aber Häufung sozialer Benachteiligungen und Ausgrenzungen; Gefühl des Abgehängtseins, Verbitterung und Ressentiments; Selbstbild als robuste Durchbeißer.

Traditioneller Mainstream: Tradition, Pflichterfüllung, Ordnung:

- **Nostalgisch-Bürgerliches Milieu**
  Die harmonieorientierte (untere) Mitte: Wunsch nach gesicherten Verhältnissen und einem angemessenen Status; Selbstbild als Mitte der Gesellschaft, aber wachsende Überforderung und Abstiegsängste;

gefühlter Verlust gelernter Regeln und Gewissheiten; Sehnsucht nach alten Zeiten

* **Traditionelles Milieu**
  Die Sicherheit und Ordnung liebende ältere Generation: verhaftet in der kleinbürgerlichen Welt bzw. traditionellen Arbeiterkultur; anspruchslose Anpassung an die Notwendigkeiten; steigende Akzeptanz der neuen Nachhaltigkeitsnorm; Selbstbild als rechtschaffene kleine Leute.

Auch als gesamte Organisation ist es sinnvoll, die Frage zu stellen, wie homogen oder heterogen meine Belegschaft ist oder wen ich als Kunden oder Klienten habe bzw. anvisiere.

Auch als gesamte Organisation kann ich mir die Frage stellen, wie homogen oder heterogen meine Belegschaft ist oder wen ich als Kunden oder Klienten habe bzw. anvisiere.

Innerhalb eines jeden Milieus herrscht eine unterschiedlich akzentuierte Ethik vor. Werte, Ansprüche, Wünsche, Selbstbild, Bildungsstand und die politische Ausrichtung unterscheiden sich. Ähnliche Kleidung, Frisuren, Taschen bis hin zu Bewegungsabläufen zeigen Zugehörigkeit zu einer bestimmten sozialen Gruppe an. Diese „Blasen", in denen wir uns bewegen, haben starke Auswirkungen auf unser Denken, Fühlen und Handeln. Befindet sich z. B. jemand in einem konservativ-gehobenen Milieu, welches eher strukturkonservativ ist, gibt es andere Ausrichtungen als für jemanden im Neo-ökologischen Milieu, dem eine Aufbruchsmentalität innewohnt. Innerhalb einer Organisation wäre es für Transformationsarbeit außerordentlich wichtig, nicht zu einheitlich formiert zu sein – die Verbindung sollte über das gemeinsame höhere Ziel gegeben sein. **Diversity** ist das Stichwort.

Auseinandersetzung mit unterschiedlichen Menschen und Meinungen – Diversität
Veränderung kann nachhaltig nur geschehen, wenn sich auch der soziale Kontext ändert. Die Begegnung in Vielfalt führt dazu, dass wir mehr Informationen aus der Umwelt aufnehmen und damit auf andere Ideen

kommen und anderes als wertvoll zulassen. Durch unsere Spiegelneuronen simulieren wir das, was wir bei anderen an Handlungen und Emotionen wahrnehmen im Gehirn und kopieren es dadurch in unser psychisches System. Die Bedingung dafür ist es, in Kontakt mit dem anderen zu sein. Darum brauchen wir neben einer guten Einfühlung die Begegnung mit anderen, möglichst andersartigen Menschen. Die Bereicherung findet dann durch die Kommunikation über Resonanzen und Ideen zu den Dingen statt.

Eine einfache Methode, um eine Transformation zu erleben, ist das komplette **Eintauchen in eine fremde Kultur,** welches mit einer echten Resonanz einhergeht. Es geschieht durch Teilhabe am System anderer für eine gewisse Zeit. Wollen wir eine solche Erfahrung in unser Arbeitsleben holen, dann gilt es, entgegen allen ausgrenzenden Bias, also verzerrten Wahrnehmungen, sich für das Fremde, häufig das Marginale zu öffnen.

Neue Netzwerke sind wichtig für intelligente Weiterentwicklungen (vgl. Kruse 2020). Soziale Systeme sind mit dem Gehirn vergleichbar. Auch dort braucht es störende Elemente, damit nicht einfach der Autopilot läuft. Kruses Meinung nach braucht es Spannung im System durch Unterschiedlichkeit, durch Querdenker, durch Komplexität. Harmonische Systeme sind seines Erachtens dumm, da sie Stabilität erhalten. Durch Netzwerke kommt es zu einer übersummativen Intelligenz – also Emergenz – die größer ist als die Intelligenz der Einzelnen (vgl. Abschn. 5.1.3). Die Komplexität und Dynamik der Systeme müssen mindestens so groß sein, wie die Komplexität und Dynamik am Markt.

Da Veränderung über Selbstorganisation geschieht, ist es wichtig, Gruppenzusammenhänge zu verändern. Diversität dient evolutionär wie sozial dem Überleben im Wandel.

Schritte auf dem Weg zu mehr Diversität

a) Wie kommen wir in Kontakt mit dem Fremden außerhalb unserer Organisation? (Stakeholder oder Netzwerke / Kooperationen)

b) Wie kommt das Fremde in unsere Organisation? (Mitarbeiter, Einstellungen)

c) Wie können wir innerhalb der Organisation bereichernde Mischungen herstellen? (Kooperationen, Mentoring)

Praktisch können Sie der Diversität durch folgende Maßnahmen auf die Sprünge helfen und damit Innovation und Transformation fördern:

Trainings über unbewusste Wahrnehmungsverzerrung Unconscious Bias – also eine unbewusste Grundannahme und Wahrnehmungsverzerrung, führt dazu, dass Menschen aufgrund einer Andersartigkeit erst gar nicht in das Unternehmen kommen, dass ihre Leistung anders beurteilt wird und sie bestimmte Positionen nicht erhalten. Darum ist es wichtig für Führungskräfte, ein Bewusstsein über die blinden Flecken zu bekommen und damit mehr Diversität zuzulassen. Hierzu gibt es spezielle Trainings (vgl. Voss und Würtemberger 2023, S. 275–297).

Cross-Tandems möglichst unterschiedlicher Partnerinnen bringen Beschäftigte untereinander in Kontakt und sensibilisieren das Bewusstsein für den Vorteil von Vielfalt. Die Tandems können für bestimmte Projekte bestehen und sogar organisationsübergreifend eingesetzt werden. Die Partner können sich nach Alter, Geschlecht, nationaler und kultureller Herkunft, Religion und Weltanschauung, sexueller Orientierung und geschlechtlicher Identität unterscheiden. Wichtig ist, dass sie bereit sind, ihr Wissen und ihre Erfahrungen zu tauschen und voneinander zu lernen. Erfahrene Führungskräfte sollten den Austausch koordinieren und begleiten (vgl. Charta der Vielfalt 2020, S. 28).

Reverse Job Shadowing bedeutet, dass Führungskräfte bei den Neuen oder Youngstern für Stunden oder Tage „in die Lehre gehen" (vgl. Voss und Würtemberger 2023, S. 358). Hier wird generationenübergreifende Zusammenarbeit gefördert und es gibt ein hohes Lernpotenzial für Führungskräfte.

4.2.2 Vertrauensvolle Kultur aufbauen

Das Meeting als Einflugschneise für Transformation über Vertrauen
Ein Meeting vereint wesentliche Aspekte einer Organisation. In der Regel sind darin alle drei Pole des GPA enthalten: Wissen/ Strategie, Handeln/ Struktur und last but not least kommen dort Menschen zu-

sammen und es geht um Vertrauen/ Kultur. Ich nehme das Meeting exemplarisch als Werkzeug, eine andere Qualität von Begegnungen und Vertrauen in der Organisation herzustellen. Bereits wenige Aspekte mit klarer Haltung umgesetzt können eine wesentliche Änderung herbeiführen. Sie dienen einerseits im Sinne des Vertrauens der psychologischen Sicherheit, bieten jedoch darüber hinaus die Möglichkeit der Transformation durch ein qualitativ neues Sich-Einlassen auf die Kolleginnen. Darüber hinaus ist das Praktizieren solcher Regeln an sich oft bereits eine Transformation in Richtung einer erweiterten Perspektive, die das Ich-Bezogene hinter sich lässt.

Gesprächsregeln helfen der Sicherheit im Meeting. Überlegen Sie bei den folgenden Ausführungen, was für Sie für Ihre Organisation, in der Sie sich gerade bewegen, stimmig ist. Gleichzeitig ist es wichtig, dass Sie die Vorschläge nicht vorschnell als unpassend zur Seite schieben, sondern mutig an neue Aspekte heran gehen.

1. Alle kommen zu jedem Thema an die Reihe.

Es wird erst jede Meinung gehört, bevor diskutiert wird. Das ist besonders wichtig, um folgendes übliche Szenario nicht aufkommen zu lassen: Eine schnelle Person gibt einen Vorschlag in den Raum – daran anknüpfend wird diskutiert. Die Vorschläge der anderen finden dann keinen Anklang mehr.

2. Es wird zugehört, ohne zu unterbrechen.

Die Gespräche können mit einem sogenannten Redeobjekt durchgeführt werden. Ein Redeobjekt ist ein beliebiger zur Organisationskultur und / oder dem Thema passender Gegenstand. Es darf nur derjenige sprechen, der das Redeobjekt in der Hand hält. Ein Redeobjekt muss nicht immer sein, macht aber erfahrungsgemäß einen entscheidenden Unterschied in der Zuhörerqualität und Redefokussierung.

Die Redeobjekt-Runde ist eine Möglichkeit: Dabei wird das Objekt zu einem Thema oder der Check-In oder Check-out-Runde herumgegeben.

Eine andere Variante ist geboten, wenn nicht alle gehört werden müssen, sondern man in die Diskussion geht. Dann liegt das Objekt in der

Mitte und wer etwas sagen möchte, holt sich das Objekt. Dies fördert die Langsamkeit und Fokussierung, ebenso wie das Zuhören.

> „Wenn alle an die Reihe kommen, erhöht sich die Gruppenintelligenz. Zu wissen, dass man nicht unterbrochen wird, macht einen frei, schneller zu denken und weniger zu sagen." (Kline 2016, S. 134)

3. Genauso fokussiert, wie zugehört wird, wird auch gesprochen. Das heißt, wir machen uns vorher darauf aufmerksam, dass wir die Beiträge so auswählen, dass sie für die Intention der Gruppe dienlich sind.

Hilfreiche Elemente eines Meetings sind

- Check-In mit offener Frage zum Ankommen
- Beginn mit positiven Fakten
- Einteilen in Thinking Pairs – oder Think-Pair-Share
- Austausch von Fakten und Informationen
- Austausch von Gefühlen zu einem bestimmten Sachverhalt: Was regt sich da in Dir?
- Check-Out: Positiver Abschluss
  - auf das Meeting bezogen
  - auf die Menschen bezogen (vgl. Kline 2016, S. 134 f.; Bonsen und Herzog o. J.)

Sowohl die Regeln als auch die Tools dienen dazu, einen geschützten Raum herzustellen, in dem auch Unausgereiftes, Ungewöhnliches und damit zur Kreativität und Innovation Förderliches angesprochen werden kann.

4.2.3 Das Fremde in sich und anderen aufspüren und wandeln

Inner Work bedeutet, dass wir in Transformationsprozessen nicht an unseren Grenzen, die oft mit Ängsten verbunden sind, vorbeikommen. Zu diesem letztlich befreienden Schritt ermutige ich und räume gleichzeitig ein: Manche tief liegende Barrieren sind nur therapeutisch erreichbar. Wenn wir z. B. die Kindheitserfahrung gemacht haben, dass wir nichts fordern dürfen, nicht unbequem sein dürfen, so werden wir wahrscheinlich nur dann etwas in Anspruch nehmen, wenn es keinen Widerstand gibt. Gibt es jedoch keine Einladung von der anderen Seite, keinen Zuspruch, dann zieht sich diese Person aus Angst vor Liebesentzug zurück und verzichtet in der sozialen Situation auf die Erfüllung eines Bedürfnisses. Oder aber jemand hat nur über Leistung oder als Verlängerung der Elternpersonen Anerkennung bekommen: So jemandem wird es schwerfallen, Schwäche zu zeigen – zumal, wenn es dafür nicht ausdrücklich eine Erlaubnis gibt. Innerhalb einer Therapie können neue Erfahrungen gemacht werden: Dass man als Mensch akzeptiert bleibt, auch wenn es unterschiedliche Bedürfnisse gibt oder, dass man auch bei Scheitern, Verletzlichkeit oder Krankheit anerkannt bleibt.

Weder als Coach noch als Führungskraft ist eine solche therapeutische Arbeit unser Auftrag – dennoch geschieht durch achtungsvolle Begegnungen in der Arbeit miteinander nicht selten en passant ein wenig Heilung:

Die Empathie für das, was sich im Gegenüber regt, kann bereits vieles bewirken. Oftmals sagt eine Aussage, insbesondere eine Du-Botschaft mehr über den Sprecher als über den Adressaten aus. Fordert jemand unpassende Dinge oder reagiert unangemessen, dann ist folgende Reaktion angesagt: Eine klare Grenzziehung auf der Verhaltensebene bei gleichzeitiger Bejahung der Person und der Beziehung zu ihr. Dies kann eine wertvolle Erfahrung auf dem Weg des persönlichen Wachstums sein: Ich bleibe zugehörig bei voller Anerkennung meiner erwachsenen Verantwortlichkeit. Die wesentliche Erfahrung, die ich als Transformationsbegleiterin auf der Beziehungsebene dem Einzelnen schenken kann, ist, dass ich die ungeliebten, dunklen Seiten des Gegenübers und all die Gefühle, die dazu gehören, halten und aushalten kann – bei gleichzeitigem Anspruch auf den Respekt mir selbst gegenüber. Letztlich geht es bei Transformationsprozessen individueller Art um den **Frieden mit sich selbst und im Miteinander** – bei aller Unterschiedlichkeit.

Wir können und sollten als Begleiterinnen solcher Prozesse uns gut selbst kennen. Dazu ist eine externe Begleitung eine sehr günstige Be-

dingung. Um den erweiterten Blick in unsere Gewohnheiten zu bringen, gilt es immer wieder Selbstreflexion zu praktizieren – nicht zuletzt,
wenn wir uns „getriggert" fühlen.

> „Wenn etwas an einer Person oder in unserer Umgebung uns lediglich
> »informiert«, projizieren wir wahrscheinlich nicht; wenn es uns aber »af-
> fiziert«, besteht der Verdacht, dass wir ein Opfer unserer Projektionen
> sind." (Wilber 1993, S. 254).

Bei der Selbstentwicklung, die beziehungsfähiger macht, geht es vor
allem darum, mehr von sich selbst zu erfahren und in eine Selbstak-
zeptanz zu kommen (vgl. auch Abschn. 3.2.1). Wenn ich das erkunden
möchte, was bei mir Schatten liegt, was ich also nicht an mir zulasse,
was mir entweder unbewusst ist oder nicht vorzeigbar erscheint, gilt es
durch unbequeme Fragen Licht darauf zu werfen.

Fragen zur Selbstreflexion von Schattenanteilen

- Was darf ein anderer Mensch auf keinen Fall über mich erfahren? Was ängstigt mich daran?
- Womit habe ich mich selbst am meisten belogen? Womit habe ich andere Menschen belogen?
- Wozu rechtfertige ich mich? Was würde geschehen, wenn ich mich nicht verteidigen würde? Was fürchte ich, denkt der andere dann von mir? Was wäre, wenn mir die Vorwürfe oder Rückmeldungen anderer Menschen völlig egal wären?
- Was würde meiner Meinung nach passieren, wenn ich meinem inneren Kritiker nicht folge? Wovor schützt mich mein eigener Kritiker? Was ist die Funktion Ihrer Eigenkritik?
- Welches Lebensthema könnte endlich erlöst werden, würde es mein innerer Kritiker nicht wegsperren?
- Welche »Kellerkinder« könnten endlich das Licht der Welt erblicken, würden sie nicht ständig kritisiert werden? (nach Groß 2019)

Neben gezielter **Selbstreflexion** können auch Versprecher und Zu-
fallshandlungen (freudsche Fehlleistungen) Schattenthemen sichtbar
machen – ebenso das plötzliche Auftauchen von Wutausbrüchen oder
Schamattacken (vgl. Groß 2019, S. 48). Häufig entspannt sich schon
viel durch das bloße **Anschauen und Akzeptieren des Schattens.** Eine

wirksame Möglichkeit zur Integration ist, ihn zu personifizieren und dann mit ihm ins Gespräch zu. Dadurch entwickeln sich neue Erlaubnisse und Möglichkeitsräume – das, was nicht sein durfte, kann nun wirksam ins praktische Leben.

Zur Stabilisierung des neuen Verhaltens helfen anschließend die Fragen: Wer wird es als erstes merken, dass Sie den Schatten ins Licht geholt haben? Wann genau? Was tun Sie dann statt des alten Verhaltens? Was wird der Gewinn sein. Insgesamt hilft hier ein liebe- und humorvoller Blick auf sich selbst – und damit fortan auch auf andere Menschen, die diesen Teil leben.

4.3 Den Boden für neues Handeln bereiten

Der Gegenpol zum Handeln, zu Ordnung und Struktur ist die Hilflosigkeit (Vgl. Abb. 4.1). Das alte Handeln ist an eine Grenze gekommen und greift nicht mehr. Laut GPA führt der Weg zu neuem, freiem Handeln über Humor. Es ist vielleicht der humorvolle Narr aus der Heldengeschichte, der das psychische oder soziale System antreibt, etwas Neues auszuprobieren. Wir finden etwas witzig, wenn etwas Unerwartetes, Widersprüchliches, Überraschendes oder Paradoxes geschieht. „Wenn etwas nicht funktioniert, versuche etwas anderes.", lautet ein Grundsatz der lösungsfokussierten Beratung. Der Humor bringt uns – vielleicht auch aufgrund der hohen Hirnaktivierung – Mut für das Neue. Allerdings gibt es für eine nachhaltige Transformation noch eine weitere Herausforderung auf der Handlungsebene: Die der ständigen Wiederholung des Neuen, die Verankerung in eine Struktur, die dem Gehirn die Chance gibt, neue neuronale Verbindungen aufzubauen, damit uns das Neue zum Habitus wird.

Wenn ich von „Inner Work" spreche, was ja zuallererst das Nicht-Sichtbare assoziiert, dann heißt das nicht, dass das Verhalten unwesentlich ist. Für mich bedeutet Inner Work, dass Veränderung nicht daran vorbeikommt, auch die Haltung zu verändern. Ohne Hinzunahme des Pols der Ordnung, Struktur, des Handelns ist die Transformation jedoch nicht vollzogen. Ferner haben wir auch die Erfahrung, dass durch Tun uns fremde Dinge nicht nur im Handeln vertraut, sondern uns nach und nach auch gedanklich „nachvollziehbar" werden. Dies funktioniert jedoch nur, wenn die entstehende Spannung zwischen Altem und Neuem sinnvoll aufgelöst werden kann – statt in der Ablehnung oder Vermeidung des Neuen stecken zu bleiben.

4.3.1 Neue Handlungsoptionen in Organisationen und Teams fördern

Aus Beobachtungen Handlungen kreieren – Inner Work needs Extended View
Um Inner Work zu betreiben, braucht es einen „Extended View" oder eben Super-Vision. Das heißt, wir schauen uns das Verhalten aus unterschiedlichen Beobachtungspunkten an (vgl. Abb. 4.2). Interessanterweise führt ein Blick aus einer anderen Beobachtungshöhe in neue Tiefen.
Zunächst gibt es einfach ein Verhalten oder ein Phänomen. Wenn ich mir einen Menschen vorstelle, der gerade keine der anderen Beobachtungspositionen einnimmt und es auch vorher nicht getan hat, so

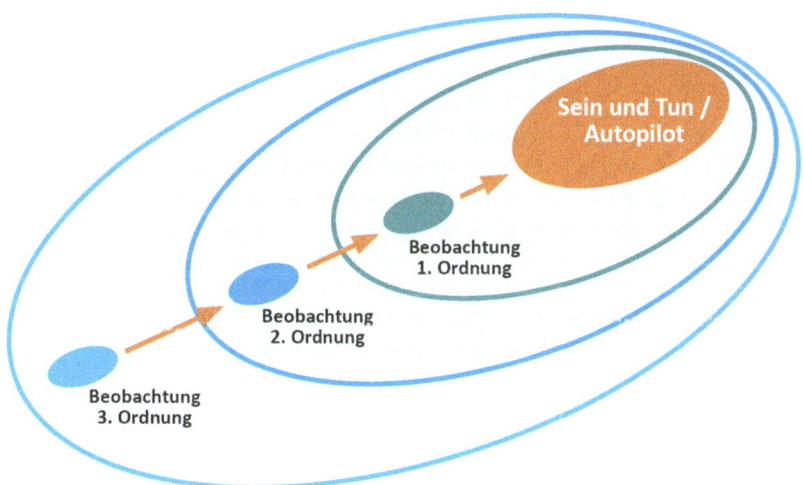

Abb. 4.2 Mit Abstand sieht man mehr: Beobachtungsdimensionen. (Quelle: Eigene Skizze)

könnte ich auch sagen: „ES tut, also das Verhalten geschieht unwillkürlich". Die neuronalen Bahnungen führen den Handelnden per Autopilot. Ich nehme als Beispiel jemanden, der seinen Stapel vom Schreibtisch abarbeitet.

Nun komme ich in die Beobachtung 1. Ordnung. Ich schaue dem Verhalten zu, gehe in eine Außenposition. Aus dieser Perspektive, aus diesem Feld heraus kann ich erst das Verhalten beschreiben. So ist es! Das mache ich! Ich nehme wahr, dass ich meinen Stapel vom Schreibtisch abarbeite. Selbstverständlich arbeite ich die Dinge ab, die mir hingelegt werden. Ich nehme wahr, dass das viel Zeit kostet. Ich fühle Stress und Zerrissenheit, weil ich noch andere Dinge zu tun habe. Ich komme abends nach Hause und erzähle von meiner Situation.

Nun kann ich durch **Selbstdistanz und Selbstreflexion** – am besten durch einen **Impuls von außen,** einem Menschen, einem Buch oder Fachartikel o. ä. auch noch eine andere Perspektive einnehmen, nämlich die AUF den Beobachter 1. Ordnung. Damit werde ich zum Beobachter 2. Ordnung und schaue auf den Beobachter 1. Ordnung und frage mich: Welche Beschreibung, Erklärung, Bewertung nutzt er?

Die Beobachtung 2. Ordnung findet schnell statt, wenn andere Menschen ihre Beobachtung 1. Ordnung hinzufügen. Der Unterschied der Beobachtungen 1. Ordnung (z. B. in Retrospektiven) macht nämlich deutlich, aus welchem Blick der Einzelne schaut und dass es auch anders sein könnte. So könnte man in unserem Beispiel aus der Beobachtung 2. Ordnung wahrnehmen, dass der oben genannte Beobachter 1. Ordnung einen starken Fokus auf das Abarbeiten von den Dingen hat, die ihm der Chef hingelegt hat. Er hat zudem einen starken Fokus auf Tempo. Er hat insgesamt einen starken Fokus auf die Arbeit und seinen Arbeitsplatz.

In der Beobachtung 2. Ordnung werden also die alten Frames und Selbstverständlichkeiten sichtbar und so ist es erst möglich, den Fokus und das Ziel zu verrücken und Alternativen zu entwickeln.

Zur Beobachtung 2. Ordnung gehört nämlich nicht nur die Frage: Wie, aus welchem Kontext heraus schaut der Beobachter 1. Ordnung? Sondern auch: Könnte ich nicht aus einem anderen Kontext heraus auf die Dinge schauen? Sie merken schon, dass es immer schwieriger wird, diese Beobachtungsposition als Handelnder selbst einzunehmen, wie David Foster Wallace in seiner humorvollen Metapher deutlich macht:

„Schwimmen zwei junge Fische des Wegs und treffen zufällig einen älteren Fisch, der in die Gegenrichtung unterwegs ist. Er nickt Ihnen zu und sagt: ‚Morgen Jungs. Wie ist das Wasser?' Die zwei jungen Fische schwimmen eine Weile weiter und schließlich wirft der eine dem anderen einen Blick zu und sagt: ‚Was zum Teufel ist Wasser?'" (Wallace 2012, S. 9)

Fremde Blicke mit anderen Frames sind hier hilfreich. Diese können erkennen, aus welchem Kontext, welchem Wertesystem, welcher Grundhaltung, welchem sozialen Milieu, welchem Habitus, welcher Erfahrung heraus geschaut wurde. Auf das Beispiel übertragen, sieht der Beobachter 2. Ordnung hier vielleicht: Es gibt die Grundannahme, dass es immer darum geht, das abzuarbeiten, was uns der Chef hinlegt. Das könnte auch anders sein. Ferner gibt es eine Fixierung auf Tempo und Schnelligkeit. Dies ist die Bewertung, die bei der Beobachtung 1. Ordnung mitschwingt. Die Beobachtung 2. Ordnung könnte auch wahrnehmen, dass der Blick des Beobachters 1. Ordnung bislang einer war, der von einer starken Arbeitsteilung ausging. Kollaborative, kooperative ja gar kollegiale Aspekte sind nicht mit im Blick. Der Beobachter 2. Ordnung nimmt wahr, dass Kommunikation zwar im privaten Bereich, nicht aber im Bereich der Arbeit gesucht wird.

Wir können diese Beobachtungsperspektive noch beliebig erweitern und das Feld noch größer ziehen in einen Beobachtungsraum 3. Ordnung. Hier können wir beispielsweise eine gesellschaftskritische Sichtweise einnehmen, die von einer ganz anderen Art der Arbeitswelt ausgeht – bis hin zu einer anderen Weltsicht. **Bei jeder weiteren Beobachtungsordnung trete ich noch einen Schritt zurück und schaue auf das bisher beobachtete und setze den Rahmen noch weiter.**

Daran anknüpfend, können uns diese Positionen helfen, neue Ideen für Handlungen zu generieren (siehe Tab. 4.1). Im Hinblick auf Transformation stelle ich entsprechende Fragen. Diese wiederum können dann entsprechende Handlungsalternativen im Vergleich zum Status quo zur Folge haben. Ausgangspunkt bleibt als Beispiel hier der gestresste Büroarbeiter, der die Stapel auf seinem Schreibtisch abarbeitet,

Tab. 4.1 Beobachtungsdimensionen im Veränderungsprozess

Beobachtungsdimension	Frage im Hinblick auf Veränderung	Handlungsalternativen
Beobachtung 1. Ordnung Ich sehe mein Verhalten	**WIE** könnte ich mein Verhalten optimieren?	Verbesserung innerhalb des derzeitigen Blickfelds.
Beobachtung 2. Ordnung Ich beobachte die Beobachtungen des Beobachters 1. Ordnung. Welche Beschreibung, Erklärung, Bewertung nutzt er? Könnte es auch anders sein? Welches Wertesystem, welche Grundhaltung, welcher kulturelle oder Erfahrungshintergrund ist bislang der Ausgangspunkt der Überlegungen?	Auf **WAS** könnte ich noch meinen Fokus lenken? Tue ich die richtigen Dinge? Könnte man einen anderen Frame, eine andere Entscheidungsprämisse für Handeln setzen? Könnte es ein anderes **WOZU** geben? Welches?	Ich versuche etwas anderes Ich handle entgegen der üblichen Prämisse – (das funktioniert auf Dauer nur, wenn sich der Kontext auch bewegt oder ich mich in einen anderen Kontext bewege)
Beobachtung 3. und weiterer Ordnung Was nehmen wir als Grundlage für unsere bisherigen „Beobachtungen"? Welche Beobachtungslogik haben wir? Wie denken wir Arbeit? Wie denken wir Gesellschaft? Wie denken wir Welt?	**VON WO AUS** könnte man noch schauen? Wenn jemand aus einer anderen Sparte, aus einer anderen Logik, aus einer anderen Weltanschauung auf das Bisherige schauen würde, was könnten wir da für Handlungsimpulse bekommen? Welche heilige Kuh müsste geschlachtet werden?	Es wird ein neues, fremdes Ritual eingeführt Es werden Tabus gebrochen Ich experimentiere mit etwas Fremdem – (das funktioniert auf Dauer nur, wenn sich der Kontext auch bewegt oder ich mich in einen anderen Kontext bewege)

die man ihm hingelegt hat. Er fühlt sich aufgrund der vielen anderen Arbeit gestresst und zerrissen und erzählt zu Hause seiner Frau davon.

Aus der Beobachtungsposition 1. Ordnung heraus, versucht der Angestellte das Verhalten zu optimieren. Er besucht vielleicht ein Seminar zu Büroorganisation und Selbstmanagement.

Aus der Beobachtungsposition 2. Ordnung heraus versucht der gleiche, auf etwas anderes als bisher zu schauen und etwas anderes als „besser meine Arbeit in den Griff kriegen" zu versuchen. Er spricht vielleicht mit seinem Chef über Ausrichtung der Arbeit, Arbeitsverteilung, Zeit und Menge. Hinterfrage ich aus dieser Perspektive weiter den Hintergrund des bis hierher Beobachteten, komme ich auf weitere Ideen. Die bisherigen Gedanken gehen stark von einer stringenten Arbeitsteilung aus. Hier könnte ein stärkerer Gedanke von Kooperation, von einem WIR etabliert werden. Die Kommunikation und Menschlichkeit im Betrieb werden an dieser Stelle noch nicht sichtbar. Wie könnte es zu einer besseren Kommunikation kommen? Oder: Ist es vielleicht so, dass wir uns in unserem Betrieb verzetteln und uns stärker auf weniger Projekte fokussieren sollten, mit denen wir dann jedoch qualitativ herausstechen?

Aus weiteren Beobachtungspositionen können dann noch grundsätzlichere Prämissen infrage gestellt werden. Für diese Position brauchen wir möglichst jemanden aus einer anderen Kultur oder anderen Funktions-, Wahrnehmungs- oder Erkenntnislogik oder gar einem anderen Weltbild im Sinne von Diversity, um neue Handlungsideen generieren zu können. Man könnte – erst einmal im hypothetischen Raum wie ein „Narr" am Hofe – auffordern: Schlachte eine heilige Kuh – breche ein Tabu! Führe eine neue Mode ein. Tu etwas, bei dem die vorherige Generation sich empört. Werde alten Identitätsfiguren unähnlicher! Was hieße das konkret?

Für den Schreibtischarbeiter von vorhin heißt das vielleicht, dass die bisherigen Strukturen grundsätzlich infrage gestellt werden. Vielleicht entscheidet die Abteilung gemeinsam, dass eine bestimmte Arbeit in eine Tochterfirma übergeht. Die alte Dienstleitung wird nun an verschiedene Auftraggeber verkauft, mit denen es realistische Kontrakte gibt.

Praktische Umsetzung Die Beobachtungsdimensionen können in Organisationen praktisch gut in Form von **Retrospektiven** – oder nach vorn gerichtet formuliert in Form von Zukunftsworkshops umgesetzt werden. Dabei positionieren wir die aktuelle Situationsbeschreibung in die Mitte und stellen dann aus den verschiedenen Beobachtungsdimensionen die entsprechenden Fragen, wie wir sie in der Tabelle finden. Die Abb. 4.2 kann dabei als Hinweis auf die Positionsanordnung im Raum dienen. Die Beobachtungen und Handlungsimpulse müssen anschließend wieder an die Ausgangsposition angekoppelt werden, um zu prüfen, was sowohl anschlussfähig an das Alte als auch irritierend und möglichkeitserweiternd genug im Hinblick auf Neues ist.

Neue Rituale einführen
Rituale stiften Klarheit, Verbundenheit und Identifikation (vgl. Abschn. 2.2.3). In reflexiven, lernenden, partizipativ oder agil handelnden Organisationen sind Rituale nur vorstellbar, wenn sie miteinander entwickelt werden und somit nicht mit Tabus in Verbindung gebracht werden können. In Transformationsprozessen geht es darum, sinnvolle Rituale zu entwickeln, die der Organisation helfen, **Übergänge zu gestalten** und etwas Neues einzuführen. Ein Ritual hat einerseits die Kraft, bestehende soziale Formen zu bestätigen, aber sie kann auch soziale Formen transformieren oder alte Formen verabschieden. Neue Traditionen können geschaffen werden. Gerade für Übergangsrituale gilt, dass ein „Ritual nicht nur einen Übergang markieren, sondern zugleich auch einen Übergang bewirken" kann (Roberts 2015, S. 31).

   Dabei ist ein Ritual nicht zu verwechseln mit einer Regel. Während eine Regel bei Nicht-Einhaltung sanktioniert wird und aufgrund der Starre oft zu Widerstand führt, ist ein Ritual etwas, was die Frage nach dem „Wie" der Gestaltung von etwas beantwortet. Rituale werden gemeinsam ausagiert und haben einen kollektiv relevanten Sinnbezug (vgl. Garschagen 2017, S. 325). Moderne Rituale sind außerdem durch die Beteiligten entwickelt.

> „Rituale sind gemeinsam entwickelte symbolische Handlungen, die nicht nur die zeremoniellen Aspekte der eigentlichen Präsentation des Rituals beinhalten, sondern auch dessen Vorbereitungsprozess. Ein Ritual kann Worte enthalten oder auch nicht, hat aber sowohl offene als auch geschlossene Anteile, die „zusammengehalten" werden durch eine führende

Metapher. Wiederholung kann entweder durch den Inhalt, die Form oder den Anlass Bestandteil von Ritualen sein. Es sollte auch eine Vielzahl von Partizipationsebenen geben." (Roberts 2015, S. 23).

Wird bei einem modernen Unternehmen, in dem Reflexion und Autonomie gelebt wird, ein Ritual eingeführt, so kann dies nur über einen reflexiven Prozess geschehen. Rituale können gut in Veränderungsprozessen zur Initiation, zum Abschied, zum Dank oder im Übergang eingebaut werden. Allerdings kommen sie nur in ihre Kraft, wenn sie aus der Organisation, dem Team selbst entwickelt und im Konsens getragen werden (vgl. Schwemmle 2015). Trennung und Loslassen vom Alten und die Einführung von Neuem oder eine Reintegration wollen sichtbar begangen sein. Veränderungsprozesse können somit durch situative Rituale markiert werden. Auch stabile Kommunikationsrituale wirken den Ängsten im Umbruch entgegen.

Bedingung für einen solchen Prozess ist die entsprechende Zeit, die der Organisationseinheit für die Etablierung sicherheitsgebender Rituale gegeben wird. Rituale sind erst Rituale, wenn sie **standardisiert und kollektiv anerkannt** sind. Ferner braucht es auf der Seite der Führung die grundsätzliche Bereitschaft zu einem solch partizipativen Vorgehen. Die Führungsetage muss bereit zu reflexiver Kommunikation sein und bewusst neue sinnstiftende Kommunikationsrituale etablieren wollen. In Ritual-Workshops können wir neue, **stimmige Rituale gemeinsam entwickeln.** Hierzu ein Vorschlag in starker Anlehnung an Annegret Garschagen (2017):

1. **Erklärung:** Was sind Rituale im Unterschied zu dem, was wir damit aus der Vergangenheit assoziieren? Was bleibt gleich? Was sind Rituale im Unterschied zu Regeln?
2. **Ideen erzeugen:** Hier sind alle wirksamen Kreativmethoden vom Brainstorming über Zukunftsszenarien erlaubt. Querdenken ist erwünscht.
3. **Ritualentwicklung:** Nach dem Vorstellen und Clustern der Ideen werden nun in Interessensgruppen zu den einzelnen Ideen konkrete Ritualvorschläge erarbeitet.

Hierzu gibt es eine Vorlage, in die die wichtigen Elemente eingetragen werden (s. u.).

4. **Präsentation der Ergebnisse:** Dies geschieht bewusst durch eine Performance, die tiefere Hirnschichten anspricht – nicht nur dadurch, dass durch die Kreativität an dieser Stelle bereits Freude entsteht. Hier kann z. B. ein Slogan, ein Lied, ein Name für das Ritual entwickelt und zum Ausdruck gebracht werden. Garschagen spricht an dieser Stelle von „Labeln".

5. **Weiterarbeit:** Die Rituale werden nun entsprechend verschriftlicht und es findet eine Entscheidung über die endgültige Einführung statt. Es gibt danach einen Testzeitraum, nachdem über die Übernahme oder evtl. Modifikationen entschieden wird.

Doch wie genau sieht ein Ritual aus? Welche sind die Elemente und was gibt es zu gestalten? In Anlehnung an Ritualabläufe aus anderen Kontexten (vgl. Hugo 2013) können nun für die Organisation die einzelnen Elemente mit Inhalt gefüllt werden. Ich wähle hier ein Beispiel eines mit einer Beratungsstelle entwickelten Rituals, die nach Corona eine Möglichkeit suchte, den kollegialen Zusammenhalt wieder zu stärken, der gerade in der stark psychisch belastenden Arbeit notwendig ist (vgl. Tab. 4.2).

Der Teamnorm trotzen

Angst vor Liebesverlust führt zu einem erlernten Anpassungsverhalten (vgl. Abschn. 2.2.3). Ohne Anpassung können wir in sozialen Systemen nicht leben und gleichzeitig verhindert ein Zuviel davon Transformationen. In verschiedenen Experimenten wurde deutlich, dass Einzelne sich oft anpassen, obgleich sie keine Ahnung von einem möglichen Sinn eines Verhaltens haben – oder gar, obwohl es gar keinen Sinn des Verhaltens gibt.

Diese Art der Überanpassung unterdrückt Energie, die produktiv und kreativ nutzbar werden könnte (vgl. Brocher 1999, S. 58). Eigenständiges Denken wird dadurch unterdrückt. Der einzelne Mensch versucht durch vorauseilenden Gehorsam alle möglichen zu erwartenden Regeln zu erfüllen und tötet damit seine vitalen Energien ab. Was

Tab. 4.2 Aspekte des Rituals

Absicht	Informelle Kommunikation und Austausch nach Coronapandemie wiederherstellen. Zusammenhalt und Vertrauen bilden
Name	Plauderstunde
Zeitpunkt	Einmal in der Woche, wenn auch alle Teilzeitkräfte da sind. Mittwochs mittags
Wenige wesentliche Elemente	Es gibt jeweils eine „Gastgeberin"
	In einer bestimmten Reihenfolge bringt jeweils eine Mitarbeiterin etwas zum Essen mit bzw. kümmert sich darum
	Reihum erzählt jede, was gerade bei ihr los ist. Die anderen hören nur zu oder fragen Verständnisfragen. Damit klar ist, wer dran ist, bekommt diejenige eine dem Team wichtig gewordene Symbolfigur als Redeobjekt
Ausgewogenheit zwischen Sein und Tun	Zuhören und Reden. Essen
Zwischenräume und Übergänge einplanen (kein Stress, Verlangsamung)	Dank dem heutigen „Gastgeber". Gemeinsam mit dem Essen beginnen
	Es wird nicht durcheinandergeredet
Raumgestaltung	In der Küche – mit entsprechendem Tischschmuck und einem tagesaktuellen Blumenstrauß
Leitung und Zeitwacht	Die Gastgeberin
Flexibilität für Ungeplantes	Zeit für ein vertieftes Thema nach der Plauderrunde
Zu-Ende-Bringen aller Vorgänge	Schlussrunde mit dem, was gerade jetzt im Sinn ist
	Die, die dann nicht in den Dienst müssen, räumen die Dinge auf und machen die Küche sauber

„Plauderstunde" für unsere Beratungsstelle

machen wir also mit Normen und Regeln, um Möglichkeitsräume zu schaffen?

Da hilft die Methode „Regelbrecher" (vgl. Hofert 2019, S. 285). Ziel ist es, die Teamregeln zu erkennen und davon etwas aufzubrechen. Dies bringt nicht nur Kreativität und Agilität, sondern auch Lebensfreude. Entsprechend überschreibt Hofert die Methode mit einem Zitat von Kathrin Hepburn: „Wenn Du immer alle Regeln befolgst, verpasst Du den ganzen Spaß." Gerade informelle Regeln sind Transformationsgegner und sollten bewusst und besprechbar gemacht werden (vgl. Abschn. 4.1.1).

Im Team könnte man „Unsinnige Regeln ausmisten" in Form eines kleinen Workshops. Dieser hat die drei Schritte:

1. **Standort:** Welche informellen Regeln haben wir in unserem Team? Think-Pair-Share (vgl. Abschn. 4.1.1)
2. **Analyse:** Welche Regel könnte man auch weglassen, verändern, weil sie unsinnig, veraltet scheint (vgl. die Beispielgeschichte unten)? Clustern, Priorisieren, Entscheiden
3. **Maßnahmen:** Brainstorming in kleinen Gruppen zu Maßnahmen im Umgang mit je einer für „unsinnig" erklärten Regel. Öffnung für und Entscheidung im Team.

Die Teamnormen können von der Kleiderordnung über das Verbringen der Mittagspause bis hin zur Sitzordnung gehen.

Das macht man hier so – oder? Von der Kleiderordnung in einer Bank

Im folgenden Beispiel, welches mir bei der Arbeit in einer größeren Bank berichtet wurde, bestand der Regelbruch offenbar in einer Nachfrage zu einem Kulturthema bei einem Vorstandsvorsitzenden – durch die sich im Weiteren eine andere Regel ändern konnte.

Vor etwa 10 Jahren waren Anzug und Krawatte bei den Herren in dieser Bank üblich. Dies wurde jedoch immer stärker von Einzelnen hinterfragt.

Insbesondere deshalb, weil es im Bankgebäude so gut wie keinen Kontakt zu Endkunden gab und Besuche von anderen Stakeholdern (Aufsichtsrat, Vorstände etc.) nur Einzelne betrafen bzw. eher die Ausnahme waren. Hinter vorgehaltener Hand wurde immer wieder darüber diskutiert.

Und häufig „schulterzuckend" festgestellt, dass dies schließlich so „gewollt" sei. Offiziell besprechbar schien das Thema nicht.

Immer stärker wurde jedoch das „so gewollt" auf den Vorstand projiziert.

Was zur Folge hatte, dass irgendwann ein kühner Kollege den damaligen Vorstandsvorsitzenden einfach mal gefragt hat, inwiefern er Wert darauf lege, dass alle in Anzug und Krawatte erscheinen. Die Antwort war verblüffend und eindeutig: „Das ist mir doch egal!". Natürlich war es dem Vorstand wichtig, dass sich die Kolleginnen und Kollegen situationsangemessen kleiden. Bei Besuchen von anderen Vorständen oder bei offiziellen Terminen wie Gremiensitzungen darf es weiter Anzug und Krawatte sein. Bei rein internen Terminen tut es eben auch eine gepflegte Jeans und ein Hemd.

Das Thema Kleiderordnung war durch die Frage des Kollegen plötzlich offiziell besprechbar. Die Antwort des Vorstandsvorsitzenden wurde sofort weiterkommuniziert. Innerhalb von vier Wochen waren die Krawatten ab. Heute sind Anzug und insbesondere die Krawatte eher die Ausnahme.

4.3.2 Neue Praktiken bei Einzelnen unterstützen

Ins Tun kommen – sich überwinden

Kennen Sie die Einstellung, dass man doch nichts verändern kann? Der Hintergrund liegt oft in der Erfahrung von Ohnmacht und Unkontrollierbarkeit, die dann zu einer Selbstbeschränkung unseres aktiven Verhaltens führt. Mitte der 1970er Jahre formulierte der Psychologe Martin Seligman diesen Zusammenhang systematisch als **„Erlernte Hilflosigkeit".** Das Gegenteil dieser Erfahrung ist die der **Selbstwirksamkeit,** die der Entwicklungspsychologe Albert Bandura ungefähr 10 Jahre später als Konzept hervorbrachte. Als selbstwirksam erfährt sich jemand, der Vertrauen in seine eigenen Kompetenzen hat – auch über Alltagssituationen hinaus. Da Erfahrungen wichtig für das Vertrauen sind, brauchen wir möglichst viele davon.

Wir können unser Gedächtnis unterscheiden in das „automatisierte" und das „kontrollierte" (vgl. Storch und Krause 2011, S. 59). Für unser Gedächtnis sind die bewussten Prozesse, die nicht automatisiert ablaufen, energetisch-stoffwechselphysiologisch viel „teurer". Deshalb werden sie nur eingesetzt, wenn ein Sachverhalt als neu oder wichtig eingestuft wird. Diese Wahrnehmung können wir schulen, indem wir generell das Neue öfter herbeirufen. Oft verhindert das psychologische Grundbedürfnis nach Zugehörigkeit, also die Angst vor Ablehnung oder aber die erlernte Hilflosigkeit neues Verhalten.

Üben wir also täglich das Neue. Es geht darum, sich zu überwinden, denn „Glück ist eine Überwindungsprämie" (Corssen 2006). Im Sinne des vertrauten Umgangs mit dem Unvertrauten (vgl. Abschn. 3.2.4) können wir täglich kleine Herausforderungen im Sinne von **Micro-Le-**

arnings annehmen. Diese können wir im Coaching in der Begleitung verschreiben – und uns auch selbst vornehmen, z. B.:

- Etwas essen, von dem ich bislang meinte, dass ich es nicht mag.
- Einen neuen Weg gehen oder fahren – und/oder mit einem anderen Verkehrsmittel.
- Ein neues digitales Tool ausprobieren.
- Mit einem Menschen sprechen, an dem ich sonst vorüber gehen würde. …

Dem Lustgewinn folgen
Die Verhaltensänderung – also das Verhalten gegen den alten Automatismus – kostet energetisch einen hohen Aufwand für den Lernenden. Weil die Verhaltensänderung einen hohen Energieaufwand bedeutet, muss sie für die Überwindung als wichtig eingestuft werden und emotional aufgeladen sein. Wir brauchen einen ganzheitlich spürbaren Lustgewinn. Wir brauchen eine Zielvorstellung, die uns ein Grinsen ins Gesicht zaubert. Emotionen und ihre körperlichen Begleiterscheinungen sind integraler Bestandteil von Entscheidungen.

> „Planungsvorgänge ohne körperliche und gefühlsmäßige Begleiterscheinungen bleiben intellektuelles Geplänkel im Kopf…" (Storch und Krause 2011, S. 51).

Hierzu gilt es Zugänge zu schaffen über positive frühere Erinnerungen, die in der Gegenwart aktiviert werden.

Hypothetische Fragen, die Bilder und Emotionen wecken Die wohl bekannteste und auch am meisten ausgeschmückte hypothetische Frage ist die sogenannte Wunderfrage aus der Lösungsfokussierung nach Steve de Shazer, die uns mental in die wohlformulierte und möglichst lustbringende Zukunft bringt.

Eine Version der Wunderfrage

– frei nach Sparrer (2021, S. 56).

Stell Dir vor, dass diese Beratung heute zu Ende ist. Und Du tust, was Du meistens tust. Vielleicht tust Du …

Nach einer Weile schläfst Du ein.

Und angenommen, während Du schläfst, geschieht das Wunder und Dein neues Verhalten, welches Du Dir wünschst, hast Du umgesetzt…

Und Du erwachst wieder und weil Du ja geschlafen hast und gar nicht weißt, dass ein Wunder geschehen ist. Woran könntest Du es bemerken?

Woran merkst Du jetzt, dass das Wunder geschehen ist?

(Auswirkungen erfragen)

- Woran noch?
- Was wäre dann anders?
- Was ist noch anders, nachdem das Wunder geschehen ist?
- (Bei Verfallen in das Problem) …
- Jetzt ist aber das Wunder geschehen, Du tust es bereits, … Jetzt befinden wir uns aber in der Zeit nach dem Wunder…

Woran würden andere bei Dir erkennen, dass bei Dir das Wunder geschehen ist?

(Hier erfrage ich indirekt, was mein Kunde anderes TUT)

- Wer würde es als erstes merken?
- Wer dann?
- Woran?
- Wie würden die darauf reagieren?
- (Wenn die Kunden dem Wunder nicht trauen: Dann lass das Wunder noch größer sein)

Zukunftsvorstellung materialisieren Mit welchem Material mag Ihr Coachee wohl arbeiten? Mit Holz oder Ton oder Knete? Mit Farbe und Pinsel? Mit Lego und Klötzen? Lassen Sie ihn kreativ das umsetzen, was er Positives mit der neuen Praxis verbindet. Lassen Sie ihn etwas Bleibendes mit seinen Händen produzieren, welches ihm als Anker für den Weg der Umsetzung dient.

Vergangene Erfolgserlebnisse in die Zukunft holen Lassen Sie Ihren Coachee eine Erfahrung aus der Vergangenheit erinnern, in der er etwas Vergleichbares bereits geschafft hat. Arbeiten Sie die dabei zum Ausdruck kommenden Ressourcen heraus und das Gefühl des Erfolgs von damals. Nehmen Sie dieses Bild und übertragen Sie es auf die neu umzusetzende Praxis. Vertiefen Sie die positiven Gefühle durch Nachfragen auf möglichst vielen Sinneskanälen: Wie fühlt sich das an? Wie sieht das aus? Was hören Sie dann…

Neue Bahnungen schaffen: Wiederholungen – Routinen – Rituale

Nachhaltigkeit ist erst bewirkt, wenn ein neuer Automatismus hergestellt wurde und nicht mehr über das neue Verhalten nachgedacht wird, es ständig vom Akteur selbst „kontrolliert" werden muss. Dazu sind eine häufige Wiederholung und Übung, also Training notwendig, um das neue Verhalten dominanter zu bahnen als das alte. Das Ziel ist ein neues, neuronales Netz, welches den alten Automatismus ersetzt (vgl. Abschn. 2.2.3). Nachdem geklärt wurde, was und wozu ich es tun möchte, gilt es, anzufangen.

Babyschritte gehen Dabei ist es wichtig, nicht sofort den ganzen Plan zu verwirklichen, sondern klein und ganz realistisch zu beginnen. Mit welchem „Mini-Babyschritt", einem Schritt, den Du täglich tun könntest, würdest Du einen Schritt in die Richtung gehen? Ich selbst bin Praktikerin der Bullet Journal Methode von Ryder Carroll (2019). Ein wesentliches Element ist hier die **Einführung von Routinen.** Kleine Routinen haben eine große Wirkung (vgl. Claer 2020; Hammer 2019). Eine dauerhaft durchgeführte kleine Veränderung hat am Ende einen großen Effekt. Die erste kleine Routine sollte bewusst gewählt sein und erst einmal 4 Wochen durchgehalten werden. Die Frage heißt: „Mit welchem kleinen Schritt kann ich jetzt sofort den Anfang machen?" Ganz praktisch beginnt der Weg zu neuem Verhalten mit nur einer einzigen Gewohnheit. Diese sollte so einfach wie möglich sein. Im Vordergrund steht die Regelmäßigkeit, also die Häufigkeit der Gewohnheit. Wesentlich ist eine präzise Beschreibung dessen, was Sie tun werden – und es sollte immer möglichst gleich sein, damit die entsprechenden Synapsen sich ausbauen und verbinden. Möchte jemand z. B. mehr Zukunft gestalten, statt nur zu reagieren, dann könnte es z. B. eine neue Gewohnheit werden, jeden Arbeitstag damit zu beginnen, eine Stunde lang – vor dem Lesen der Mails – ungestört etwas für ein Zukunftsprojekt zu tun. Ein erster Babyschritt in diese Richtung könnte sein, dass ich jeden Tag die erste Stunde im Büro das Telefon abschalte und die Tür schließe.

Rückfällen vorbeugen: Wenn -dann-Taktik Das wohl bekannteste Mittel gegen Rückfälle ist die Wenn-Dann-Technik (vgl. Oettingen 2017).

Ich führe mir Situationen vor Augen, in denen mein neues Verhalten, meine neue Routine gefährdet sein könnte und schärfe dafür mein Bewusstsein. Dies ist oft unter Stress der Fall. Ich überlege mir, was ich bei der Wahrnehmung des Reizes in dieser Situation tun könnte, um nicht in altes Verhalten zurückzufallen, sondern mein neues Verhalten und Ziel weiter zu verfolgen. Ganz praktisch finden wir das in der Methode des WOOP (vgl. Oettingen 2017). Wenn wir einen Wenn-Dann-Plan mit der WOOP-Methode entwickeln, sollten wir uns in einem entspannten Zustand befinden, in dem wir uns auf tiefe Motive und Sinneseindrücke, auf lebhafte Vorstellungen einlassen können. Die Methode besteht aus den Elementen Wunsch, Ergebnis, Hindernis und Plan – hier im Original wiedergegeben (Woop o. J.):

- **W wie Wish – also Wunsch**
  - Was ist ihr Wunsch im Hinblick auf das Ziel? Nehmen Sie einen Wunsch, der herausfordernd ist, den Sie sich aber selbst erfüllen können.
  - Notieren Sie ihn prägnant.
- **O wie Outcame – also Ergebnis**
  - Was wäre das schönste Ergebnis?
  - Was wäre das Schönste, das Allerbeste, wenn Sie sich Ihren Wunsch erfüllen würden?
  - Wie würden Sie sich fühlen?
  - Notieren Sie es prägnant.
  - Stellen Sie es sich vor!
  - Nehmen Sie sich einen Moment Zeit und stellen sich das Schönste vor.
  - Malen Sie es sich lebhaft aus.

- **O wie Obstacle – also Hindernis**
  - Finden Sie Ihr Hindernis.
  - Manchmal klappen Dinge nicht so, wie wir es gerne hätten.
  - Was ist es **in Ihnen,** dass Sie davon abhält, sich Ihren Wunsch zu erfüllen?
  - Was ist Ihr wichtigstes, **inneres** Hindernis, das Ihnen im Weg steht?
  - Notieren Sie es prägnant.
  - Stellen Sie es sich vor!
  - Nehmen Sie sich einen Moment Zeit und stellen sich Ihr inneres Hindernis vor.
  - Malen Sie es sich lebhaft aus.

- **P wie Plan – also der Plan**
  - Machen Sie einen Wenn–Dann Plan.
  - Was können Sie tun, um Ihr inneres Hindernis zu überwinden?
  - Nennen Sie eine Handlung, die Sie tun können oder einen Gedanken, den Sie sich sagen   können,   um   Ihr Hindernis zu überwinden.
  - Notieren Sie das Verhalten prägnant.

Heraus kommt dann ein fertiger Wenn-Dann-Plan.

Wenn-Dann-Plan für eine Führungskraft, die bisher alles im Griff haben wollte

- Wunsch: Partizipative Führung
- Schönstes Ergebnis: Selbstverantwortung und Motivation der Mitarbeiter
- Inneres Hindernis: Alles im Griff haben wollen, bei Anfragen: Vorschnelles Antworten
- Plan: Wenn "Alles im Griff haben wollen bei Anfragen", dann werde ich "rückfragen statt zu antworten"

Den geheimen Gewinn erinnern ... Es könnte jedoch auch sein, dass das neue Verhalten immer wieder „wegrutscht", weil die Bedingungen noch nicht passen. Vielleicht stimmt der Zeitpunkt für die Veränderung nicht, weil andere Themen deutlich im Vordergrund stehen. Vielleicht braucht die Veränderung auch einen anderen Ort, weil am alten Ort das alte Verhalten immer wieder eingefordert wird. Es kann auch sein, dass es immer noch eine unbewusste Bindung an das Alte gibt, welche noch nicht im Blick war (vgl. Abschn. 3.2.2). Für den Fall, dass die Umsetzung nicht gelingt, gilt es hier noch einmal eine Schleife zu drehen und das Bedürfnis, das Anliegen, die Bindung an das alte Verhalten ins Bewusstsein und Gespräch zu bringen. Ziel ist dabei immer, das Alte als etwas zu seiner Zeit und an seinem Ort Sinnvolles zu würdigen. Es gilt auch zu schauen, was ich noch im Sinne des Alten tun muss, um das Neue zulassen zu können.

Reflexionsfragen bei hartnäckigem Rückfall

- Was ist der geheime Gewinn für Sie? Wozu lohnt es sich, das Problem noch eine Weile zu behalten? (Alles Verhalten macht Sinn und ist ein Problemlösungsversuch – und als solcher zu würdigen)
- Von wem würden Sie sich am meisten unterscheiden, wenn Sie das neue Verhalten praktizieren? (Hinweis auf Loyalitätsverpflichtung / Delegation)
- Was würde schlechter, wenn das alte Verhalten weg wäre? (Hinweis auf Verluste)
- Wie lange wollen Sie das alte Verhalten noch behalten? Wann werden Sie es vor die Tür setzen? Wann wäre da der richtige Zeitpunkt?
- Wo ist hier und heute der passende Ort für das Alte? (Würdigung des Alten im Sinne von „Was sein darf, kann sich ändern." – Suchen nach einer Position, die nicht stört, ohne etwas „wegzunehmen")
- Wofür wäre es gut, das alte Verhalten noch eine Weile zu behalten oder es gelegentlich nochmal einzuladen? (Frage nach einem „Sowohl – als – auch" – das Alte zeitlich begrenzen)
- Wenn Sie das alte Verhalten schon längst verabschiedet hätten, es aber noch einmal „einladen" wollten: Wie könnten Sie das tun? (Hinweis auf ein mögliches Priming – ein mögliches Vorverhalten auf das alte Verhalten, woraufhin man die Wenn-Dann-Technik anwenden kann)
- Angenommen, Sie wollten die Vorteile, die das alte Verhalten mit sich bringt, noch behalten, wie könnten Sie das tun – ohne das Problem? (Hinweis auf das Bedürfnis oder Motiv hinter dem alten Verhalten und die Suche nach einer Verschiebung der Befriedigung)
- Was ist die Herausforderung für Sie, wenn Sie das neue Verhalten bereits umsetzen würden? (Bewusstwerdung dessen, woran man hängt, was blockiert)

An dieser Stelle wird wieder einmal deutlich, dass es bei tiefgreifenden Veränderungen allein mit Zielorientierung, positiven Bildern und Ressourcen nicht getan ist. Wenn etwas blockiert, braucht es die Auflösung der Blockade.

Literatur

zur Bonsen M, Herzog J (o. J.) Seminarunterlagen Leading with Life. Thinking Circle

Brocher T (1999) Gruppenberatung und Gruppendynamik. Rosenberger Verlag, Leonberg

Carrol R (2019) Die Bullet-Journal Methode. Verstehe Deine Vergangenheit, ordne deien Gegenwart, gestalte deine Zukunft. Rowohlt, Reinbek bei Hamburg

Charta der Vielfalt. https://www.charta-der-vielfalt.de/diversity-verstehen-leben/diversity-dimensionen/. Zugegriffen: 01. Mai 2023

Clear J (2020) Die 1% Methode. Minimale Veränderung, maximale Wirkung. Goldmann, München

Corssen J (2006) Als Selbstentwickler zu privatem und beruflichen Erfolg. 4 CDs: Ein Gespräch mit Jens Corssen. Die Methode des Selbstentwicklers. Campfire Audio, Ankeny Portland

Daimler R, Sparrer I, Varga V, Kibéd M (2008) Basics der Systemischen Strukturaufstellungen. Eine Anleitung für Einsteiger und Fortgeschrittene. Kösel, München

Ferrari E (2021) Führung im Raum der Werte. Das GPA- Schema nach Syst. Ferrari Media, Aachen

Garschagen A (2017) Rituale als wirkungsvolles Instrument für Organisationsentwicklungsprozesse. Unternehmenskultur gemeinsam prägen. Individualpsychol. 42:325–339

Groß M (2019) Den „bösen Wolf" mit Keksen füttern. „Schattenarbeit" im Kontext der psychosozialen Arbeit. Karl-Franzens-Uni, Graz https://unipub.uni-graz.at/obvugrhs/download/pdf/3362177?originalFilename=true. Zugegriffen: 01. Mai 2023

Hammer M (2019) Micro Habits. Wie Sie schädliche Gewohnheiten stoppen und gute etablieren. MvgVerlag, München

Hofert S (2019) Mindshift. Mach Dich fit für die Arbeitswelt von morgen. Campus, Weinheim

Hugo P (2013) Gemeinsam Rituale gestalten. Ritualplanun zu Verlust, Übergang, Tod und Trauer. In: Leidfaden – Fachmagazin für Krisen, Leid, Trauer Heft 1/2013. https://www.trauer-wege-leben.de/download/gemeinsam-rituale-gestalten.pdf. Zugegriffen: 27.Juni 2023

Kline N (2016) Time to think. Rowohlt Verlag, Reinbek bei Hamburg, Zehn einfache Regeln für eigenständiges Denken und gelungene Kommunikation

Kruse P (2020) next practice. Erfolgreiches Management von Instabilität. Veränderung durch Vernetzung. Gabal, Offenbach

Oettingen G (2017) Die Psychologie des Gelingens. Droemer Knaur, München

Schwemmle K (2015) Rituale in der Organisationsentwicklung. Whitepaper Rituale von system works. Zugegriffen: 27. Juni 2023

Sinus-Milieu-Studie https://www.sinus-institut.de/sinus-milieus/sinus-milieus-deutschland. Zugegriffen: 01. Mai 2021

Sparrer I (2021) Wunder, Lösung und System: Lösungsfokussierte Systemische Strukturaufstellungen für Therapie und Organisationsberatung. Carl-Auer, Heidelberg

Storch M, Krause F (2011) Selbstmanagement – ressourcenorientiert. Grundlagen für die Arbeit mit dem Zürcher Ressourcen Modell (ZRM). Huber, Konstanz

Thier K (2016) Storytelling. Eine Methode für das Change-, Marken-, Projekt- und Wissensmanagement. Springer, Berlin

Thönissen J (2022) Ungeschriebene Regeln. In: Management Wissen Online Juli 2022 https://managementwissenonline.com/ungeschriebene-regeln/. Zugegriffen: 01. Mai 2023

Voss E, Würtemberger S (2023) Vielfalt im Employee Lifecyle. Diversity Management in HR-Prozessen. Springer Gabler, Wiesbaden

Wallace DF (2012) Das hier ist Wasser. Kiepenheuer & Witsch, Köln

Wellhöfer PR (1993) Gruppendynamik und soziales Lernen. Enke, Theorie und Praxis der Arbeit mit Gruppen. Stuttgart

Wilber K (1993) Wie man Projektionen zurücknimmt. In: Zweig C, Abrams J (Hrsg) Die Schattenseite der Seele. Wie man die dunklen Bereiche unserer Psyche ans Licht holt und in die Persönlichkeit integriert. Scherz, Bern

Woop (o. J.a). Homepage. Ein Tool von Gabriele Oettingen. https://woopmylife.org/de/practice. Zugegriffen: 27. Juni 2023

5

Weisheit – Das Hineinnehmen des Unverfügbaren

Die Pole ausbalancieren – in ruhender Weisheit
Im Glaubenspolaritätenschema steht die Weisheit in der Mitte der drei
Pole einmal als statische, dann als dynamische Position. Als statische Position zielt die Weisheit auf die Ausgeglichenheit der drei Pole ab. Dieses Ziel kann ich mir als Transformationsbegleiter als Reflexionsebene
zu Hilfe nehmen: Sind alle drei Bereiche gleichermaßen berücksichtigt?
Wurde sowohl bei der Ausgangsbeschreibung als auch bei der Zielfor-
mulierung oder der Herangehensweise einer der Pole vernachlässigt? Ist
vielleicht einer der Pole gar blockiert und damit nicht zugänglich? Hier
ist es die Aufgabe der Begleiterin zu schauen, dass das Vernachlässigte
über andere Pole wieder ins System hineinkommt.

Wir unterscheiden die Führung 1. Ordnung als Handeln IM System, als Umsetzung des operativen Geschäfts innerhalb der gegebenen
Bedingungen, während Führung 2. Ordnung das Handeln AM System
ist, also das Gesamtsystem aus der Beobachtungsposition 2. Ordnung in
den Blick nimmt und sich die Frage stellt, ob die Beobachtungskriterien
gerade stimmen (vgl. Groth 2017, S. 98 f.). Wenn es durch die Beobachtung 2. Ordnung gelungen ist, die ruhende Weisheit, bei der die drei
Pole in Balance sind, herzustellen, lässt das dem System die Möglichkeit

A. Hötger, *Mut zu Inner Work – die Hindernisse zur Transformation überschreiten*, https://doi.org/10.1007/978-3-662-68194-7_5

einer hohen Konzentration auf die Arbeit erster Ordnung, die Arbeit IM statt AM System. Das statische Dreieck im Blick zu behalten, also nach der Ausgeglichenheit und in gewisser Weise auch nach der Einheit der drei Pole zu schauen und dabei selbst auf den drei Ebenen des Denkens, Fühlens und Handelns eine Stimmigkeit anzustreben, ist eine erste wesentliche Aufgabe der „Weisheit", wenn ich sie hier einmal personifiziere.

Einen Wirbel über den Polen kreisen lassen – in dynamischer Weisheit

> „Wer loslässt, hat beide Hände frei."
> (Chinesisches Sprichwort)

Eine Transformation herbeizuführen, eine Veränderung höherer Ordnung und tieferer Intensität geschieht aus der dynamischen Metaposition der Weisheit. Sie ist im Glaubenspolaritätenschema durch einen Wirbel dargestellt und führt, wie in Abb. 4.1 dargestellt über den Weg von Reflexion, Mitgefühl und Humor zur weiteren Entwicklung. In der Aufstellungsarbeit – stellen Sie sich also Menschen vor, die in einem Raum positioniert werden – entspricht die Position der Weisheit dem sogenannten freien, also ganz beweglichen Element, welches eine Eigendynamik hat, die wir nicht vorhersehen können. Freie Elemente können sich im Gegensatz zu allen anderen Positionen in dem Moment frei bewegen, wenn sie losgelassen werden. Sie folgen ihren Impulsen und dürfen dabei auch gedachte Grenzen überschreiten, wie z. B. den Raum verlassen. Sie sind nahezu normenlos und dürfen sogar andere Elemente verstellen. Freie Elemente sind in jedem Falle überpersönliche Kräfte. Dadurch kommen grundsätzlich andere Perspektiven in den Fokus. Die dynamische Weisheit bringt also Lebendigkeit, die für Veränderungen höherer Ordnung benötigt wird. Bereits im letzten Kapitel haben wir von den drei ehrenwerten Helfern, den Gegenpolen, Gebrauch gemacht, die alle Sicherheiten wegnehmen, damit Neues entstehen kann: Nicht-Wissen, Ratlosigkeit und Verwirrung. Diese gilt es weise einzuspielen in die Transformationsprozesse und damit in die gedankliche Grundhaltung der Begleiterinnen, des gefühlten Vertrauens ineinander und in den Prozess und in die Methoden, die für diesen Teil offen sind oder gar dazu einladen. Was diese Weisheit genau ist, dem können wir uns hier nur annähern. Matthias Varga von Kibéd erklärt, dass es unmöglich ist, die Weisheit letztlich zu begreifen.

> „Das Einzige, was man sagen kann, ist, wer meint, sie begriffen zu haben, hat es nicht." (Zitat aus seinen Kursen)

Sie ist folglich unverfügbar. Dies ist meine Spur zu einer Ahnung von Weisheit: Die Unverfügbarkeit, die ich im Folgenden durch die vier Aspekte Kontingenz, Resonanz, Emergenz und dem Vertrauen in den Prozess versuche zu verdeutlichen. Erreichen können wir sie über den Weg der Pole, d. h. über die Einladung des Mitgefühls (am Pol des Vertrauens), über den Humor und die Dankbarkeit (am Pol des Handelns) und über die grenzüberschreitende Reflexion (am Pol der Erkenntnis). Die Position der Weisheit negiert zunächst all das, was bisher gesagt wurde und sogar sich selbst. Sie lädt uns ein, noch einmal von diesem oder jenen Standpunkt aus ganz neu zu denken und auf einer höheren Ebene einzusteigen. Es ist dieser wunderbare Moment in der Beratung, der mich zu Anfang der Beraterinnentätigkeit etwas verunsicherte, wenn mir und auch dem ratsuchenden System deutlich wurde, dass die Erarbeitung bis hierher eigentlich nicht dem wirklich trefflichen Ziel diente. Es geht dann darum, sich darauf einzulassen, den Weg bisher als absolut wichtigen Umweg zu erkennen, der uns nun etwas aufzeigt, an dem wir neu und voller Elan einsteigen können und wahre Transformationsarbeit leisten können.

Transformationsbegleiter brauchen einen neugierigen und prozesshaften Umgang mit dem Unverfügbaren. Nicht-Wissen, Rat-Losigkeit und Verwirrung sollten sie nicht in Aufregung, sondern in einen dynamischen Zustand von Anregung bringen. Während die statische Weisheit nicht mehr als einen guten Blick für die Balance bedarf, fordert die Metaposition der dynamischen Weisheit einen souveränen Umgang mit der Unverfügbarkeit, die die Möglichkeit für die nächsten Schritte enthält. Es gilt also loszulassen von einer klaren Zielfokussierung und sich überraschen zu lassen. Als Beraterin bin ich im ständigen Anpassungsprozess mit den Dingen, die sich ereignen. Das entspricht nicht etwa einem beliebigen Laufenlassen, sondern einem kontinuierlichen Kontraktieren mit den Auftraggebern mit der Fragestellung: Haben wir unseren Fokus, das höhere Ziel so im Blick? **Wie können wir das spontan auftauchende Unverfügbare – und erscheint es uns noch so störend – für unseren Prozess nutzen?**

5.1   Kontingenz annehmen – „Es könnte immer auch anders sein"

Den Blick weiten und neue Konstruktionen ermöglichen
Kontingenz kommt aus dem Lateinischen und bedeutet „das, was passiert" und meint die Möglichkeit, dass etwas eintritt oder nicht eintritt oder auch ganz anders sein kann, als wir meinen.

Niklas Luhmann schreibt in „Soziale Systeme" (Luhmann 1997, S. 152):

> „Kontingent ist etwas, was weder notwendig noch unmöglich ist; was also so, wie es ist (war, sein wird), sein kann, aber auch anders möglich ist. Der Begriff bezeichnet mithin Gegebenes (zu Erfahrendes, Erwartetes, Gedachtes, Phantasiertes) im Hinblick auf mögliches Anderssein; er bezeichnet Gegenstände im Horizont möglicher Abwandlungen."

In Anbetracht von Kontingenz gilt es in komplexen Systeme Abstand zu nehmen von eindeutigen Kausalitäten, Prophezeiungen oder Aussagen. Ebenso distanzieren wir uns von Festschreibungen – insbesondere der Zukunft. Es bleibt bei allen Voraussagen immer eine gewisse „Unschärfe", wie Vertreter der Quantenphysik es beschreiben. Zwar gibt es Naturgesetze und Ordnungen in den Natur- und Kulturwissenschaften, doch kann man sich aus gutem Grund die Frage stellen, ob nicht selbst die in gewisser Weise kontingent sind. Die Annahme von Kontingenz hat nicht etwa eine Gleichgültigkeit im Handeln zur Folge – könnte man doch meinen, wenn sowieso nicht klar ist, was passiert, kann ich doch machen, was ich möchte – sondern im Gegenteil, dass wir uns im Auftrag der Verantwortung für eine bestimmte Sache um eine immer bessere Annäherung bemühen.

Kontingent ist sowohl die Wahrnehmung, die Erklärung als auch die Bewertung von Phänomenen. Die Begrenzung der eigenen Wahrnehmung wird in Abschn. 4.3.1 deutlich, wenn uns die Einschränkung unserer eigenen Perspektive vor allem durch diverse Blickwinkel vor Augen geführt wird. Dies ist durch den Konstruktivismus erklärbar.

Der Konstruktivismus lehrt uns, dass jegliche Aussage über die sogenannte Realität eine durch den Beobachter gemachte **Konstruktion** ist. Es gibt zwar eine Außenwelt, Erkenntnisse sind jedoch lediglich Beobachtungen der Realität und nicht die Realität selbst. Die Kontingenz beinhaltet für uns den Aufruf zu Beobachtungen höherer Ordnung, um einen weiteren Blick zu bekommen. Einzelne Deutungssysteme, wie z. B. Wissenschaftsbereiche erzeugen ihre Erkenntnisprozesse selbstreferentiell. Nur durch Interdisziplinarität, durch die strukturelle Kopplung mit etwas, was einen Unterschied macht, kommt es zu neuen Erkenntnissen – die wiederum kontingent sind.

Wir können uns sicher sein, dass nichts sicher ist – das ist der Grund, warum dem Vertrauen, als Grundlage, um dennoch agieren zu können, in diesem Buch ein ganzes Kapitel gewidmet wird. Wir können für einen Zuwachs an psychologischer Sicherheit und einem sichereren Umgang mit dem Risiko sorgen.

Bewusstheit dem Autopiloten entgegensetzen
Gehen wir von erkenntnistheoretischen Grundlagen auf eine eher psychologische bzw. neurowissenschaftliche Ebene, so kommen wir aufgrund der Kontingenzannahme zu der Schlussfolgerung, dass es sich lohnt, uns selbst mehr zu reflektieren, um auch andere Perspektiven und Handlungsoptionen zu ermöglichen. Dies ist im Rahmen der Haltungsentwicklung (vgl. Abschn. 2.3) von besonderer Bedeutung, entwickelt sich eine neue Haltung doch nur, indem ich meine Perspektiven erweitere.

Der Weg zur Selbstreflexion führt über Selbstdistanz, wie Viktor Frankl betont. Er geht davon aus, dass wir einen freien Willen haben, uns für verantwortungsvolles Handeln zu entscheiden. Diese geistige Dimension gibt dem Menschen in seinem Bild das gestaltende und auch würdevolle Wesen. Ihm wird das Zitat zugeschrieben:

„Zwischen Reiz und Reaktion liegt ein Raum. In diesem Raum liegt die Macht unserer Wahl. In unserer Reaktion liegen unsere Entwicklung und unsere Freiheit."

Bewusstheit und Freiheit sind wesentliche Elemente, die unserem Handeln Würde verleihen. Selbstdistanzierung hat nach Frankl auch die Intention der Selbsttranszendenz, also die Perspektive, sich selbst zu übersteigen. Unsere Entwicklungsperspektive übersteigt zunehmend das „Ich". Wenn wir regelmäßig durch eine Zeit der Reflexion, in der wir in einem entspannten Zustand auf die Situationen des Alltags blicken, Selbstdistanzierung praktizieren, wird sie zu einer eigenen Gewohnheit und einer Haltung, die auch andere Perspektiven miteinbezieht. Wir werden so offen für Neues aus einer höheren Perspektive (vgl. Migge 2016, S. 300 f.).

Beim langsamen, bewussten Denken können wir Reflexionsschleifen einbauen, um die Kontingenz zur Möglichkeitserweiterung zu nutzen. Sind unsere schnellen, unwillkürlichen Reaktionen auf Reize auch beeinflussbar? Gibt es auch da eine Möglichkeit, der Kontingenz Raum zu geben – oder ist aufgrund unserer Bahnungen im Gehirn die Entscheidung schon vorprogrammiert?

Es gibt niederschmetternde neurowissenschaftliche Ergebnisse über die mangelnde menschliche Willensfreiheit. Thomas Goschke, Neurowissenschaftler der TU Dresden beschäftigt sich mit der Frage, ob unsere bewusste Intention einer motorischen Bewegung zuvorkommt. Aufgrund von Untersuchungen von Handlungsimpulsen per EEG kam man zu dem Ergebnis, dass die neuronalen Prozesse, die zur Bewegung führen, bereits begonnen haben, *bevor* der Person die Handlung bewusst wurde. Es gibt daraufhin in den Neurowissenschaften populäre Schlussfolgerungen, die den bewussten Willen als Illusion deklarieren. Goschke geht jedoch in weitere Differenzierungen, wenn er einräumt, dass Intentionen nicht die „unmittelbaren auslösenden Ursachen" willentlicher Handlungen sein können (vgl. Goschke 2014/2015, S. 29). Er unterscheidet mit Hinweis auf Fred Dretske, dem US-amerikanischen Philosoph, der sich schwerpunktmäßig mit der Bedeutung von Intentionen des Geistes beschäftig hat, auslösende Ursachen (Triggering cause) und strukturierende Ursachen (Structuring cause). Die menschliche Intention strukturiert nach der Wahrnehmung des Reizes eine Handlung. Habe ich eine eindeutige und gut verankerte Intention, für mich z. B. das Schreiben dieses Buches, so werde ich Störungen ausschalten. Habe ich jedoch die Intention, zu kommunizieren, so werde ich Anrufe oder Besuche zulassen. Die Intention, die besser gebahnt ist, wird den Vorrang erhalten. Die Intention moduliert also die Bereitschaft von bestimmten Verhaltensprogrammen, wie auf Abb. 5.1 zu erkennen ist.

Das heißt also, **die Intention „konfiguriert" schon vor der Situation die Möglichkeiten.** Absichten sind folglich „modulierende Randbedingungen". Somit verändern Intentionen laut Goschke „die Attraktorstruktur des Handlungsraumes" eines Akteurs. Beim Eintreten bestimmter Reizbedingungen werden intentionsgemäße Reaktionen aktiviert.

Um unter diesen Bedingungen tatsächlich Kontingenz zu ermöglichen, statt vorhersagbare Automatismen zu erleben, braucht es zunächst eine Intention mit der Zielrichtung „STOP! Vor dem Handeln in Distanz gehen! Ich will bewusst entscheiden!" Diese Intention können wir durch regelmäßige Achtsamkeitsmeditation zu einer „Randbedingung" werden lassen, die bei bestimmten Reizen aktiviert wird. In seiner interdisziplinären Dissertation zum Thema „Initialisierung musterbrechender Managementinnovationen" beschäftigt sich Fanz Röösli (2015) auf der Grundlage von Neuroplastizität mit der Wirkung von Achtsamkeitsmeditationen auf unser Bewusstsein. **Achtsamkeit** ist ein Training für den Geist und das Bewusstsein und ist als eine wirksam erforschte Methode der Selbstregulation anerkannt.

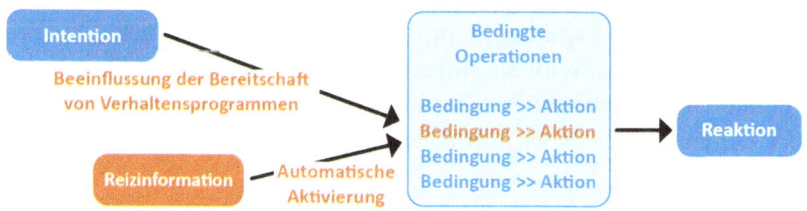

Abb. 5.1 Intentionen als strukturierende Ursachen. (Quelle: Eigene Zeichnung nach Goschke 2014/2015)

Um achtsam bleiben zu können, braucht der Geist einerseits ein Nicht-Vergessen dessen, was gerade stattfindet und die Fokussierung auf Nicht-Ablenkung. Das Wesentliche an der Achtsamkeit ist jedoch der nicht wertende Aspekt. Es ist ein allumfassendes Gewahrsein, eine Wachheit und Anwesenheit. Wahrnehmungen werden beobachtet statt reflexhaft und unbewusst bewertet. So erhalten wir kritische Distanz zu unseren Autopiloten. Das Achtsamkeitstraining hat also nachhaltige Effekte, obgleich eine Meditationspraxis nicht allein als Mittel zum Zweck, sondern auch als Prozess und Weg verstanden werden will. Durch die Einübung der kritischen Distanz ist diese auch in anderen Situationen schneller abrufbar. Erkläre ich die Bewusstheit zu meiner Intention, dann kann sie zu einem „Structure cause" im oben genannten Sinne werden. Dies ist umso wahrscheinlicher, wenn ich vorher die Situationen, in denen mir Bewusstheit besonders wichtig ist, markiere. Das Ziel der Achtsamkeit ist nämlich keinesfalls die Unterlassung der Bewertung, sondern die bewusste solide Bewertung in Richtung Unterbrechung durch die beobachtende Distanz in der Situation. Dies kann z. B. bei der Vertrauensbildung (vgl. Abschn. 3.2.1) eine wichtige Rolle spielen, indem ich z. B. hinderliche Impulse gut steuern lerne.

Durch Mindfulness und Awareness komme ich zu Reflexionen, die mir zur Steigerung von Handlungsoptionen verhelfen. Somit könnte es also immer auch anders sein, als ich vorher dachte.

5.2   Resonanz geschehen lassen

Durch Berührbarkeit das Lebendige spürbar werden lassen
Ausgangspunkt für das Verständnis des Soziologen Hartmut Rosa (2019) bildet ein Experiment mit Metronom oder Pendel: Die Pendel nähern sich an, wenn sie miteinander verbunden sind. Sie pendeln miteinander, sind allerdings nicht im Gleichklang. Sie begegnen sich in einer Differenz. Aus dieser minimalen Differenz ergibt sich ein Wechselspiel gegenseitigen Antwortens.

Rosa, als Soziologe und Politikwissenschaftler, geht es bei seinem Resonanzbegriff um eine „Soziologie der Weltbeziehung", ein erotisches Weltverhältnis im Gegensatz zu einer Weltaneignung im Sinne einer Reichweitenvergrößerung. Wir versuchen in den modernen Gesellschaften uns die Welt verfügbar zu machen. Das heißt, wir möchten sie sichtbar, zugänglich, und beherrschbar machen und sie nutzen. Allerdings gibt es die Erfahrung, dass gerade das Verfügbarmachen nicht funktioniert: Je mehr wir das versuchen, umso mehr weicht die Welt zurück, schreibt Rosa. Dieses Verfügbarmachenwollen bezeichnet er als ein Aggressionsverhältnis. Man steht so mindestens unverbunden oder gleichgültig, wenn nicht gar feindlich der Welt gegenüber. Das geschieht auch teilweise in Organisationsentwicklungsprozessen durch Messen, Diagnostizieren, Beeinflussen und die Optimierung für den Gewinn. Dies ist selbstverständlich unabdingbar für das Überleben von Organisationen. Resonanz – und damit Transformation durch Berührung – geschieht auf diese Weise jedoch nicht.

> „Nicht das Verfügen über Dinge, sondern das in Resonanz Treten mit ihnen, sie durch eigenes Vermögen – Selbstwirksamkeit – zu einer Antwort zu bringen und auf diese Antwort wiederum einzugehen ist der Grundmodus lebendigen menschlichen Daseins." (Rosa 2019, S. 38)

Zum Modus der Resonanz gehören nach Rosa vier Merkmale, die sukzessive geschehen:

1. Wir werden von etwas berührt, erreicht, affiziert. Dies ist eine Art der „Anrufung" durch die Dinge. Sie wird spürbar durch emotional-körperliche Regungen. Da ist eine Art Ansprache, die mich zieht. Rosa spricht davon, dass in diesem Moment die „Panzer der Verdinglichung" unserer Welt der Aneignung aufbrechen, dass die „Entfremdung" sich auflöst, dadurch dass sich das Subjekt „adressiert" fühlt und dadurch ein intrinsisches Interesse entwickelt.

2. Wir antworten emotional (von emovere – „herausbewegen"), gedanklich und körperlich darauf. Dies ist der Moment der Selbstwirksamkeit, in dem auch wir die andere Seite in irgendeiner Weise erreichen können. Unter Menschen können dies Blicke oder ein Dialog werden. Aus der Differenz zwischen Impuls und Resonanz ergibt sich ein Wechselspiel. Es geht dabei darum, das, was uns berührt, als wirksam zu erleben. Wir geben unsere Berührung gleichsam zurück – und sei es beim Lesen eines Buches, wenn es in uns nachklingt.

3. Die Folge ist „Anverwandlung" im Sinne eines „Verwandelns" durch das Miteinander-Schwingen im jeweiligen Eigensein. Dies bewirkt eine Veränderung, die Rosa auch Transformation nennt, ganz im Gegenteil zur uns üblichen Reichweitenerweiterung im Sinne von „Verfügbarmachen". Die Beziehung zwischen dem Subjekt und der Welt verändert sich durch die lebendige Erfahrung von Affizierung, Emotion und anverwandelnder Transformation. Diese veränderte Beziehung verändert nicht nur uns, sondern auch das Gegenüber verändert sich in unserem Erleben. Es ist durch diese Erfahrung nicht mehr das Gleiche wie vorher. Dieser Prozess ist weder ganz aktiv noch ganz passiv. Er kann nur erfahren werden, wenn man sich selbst diese Berührbarkeit und die Antwort darauf zutraut.

4. Dies ist nicht herstellbar, nicht steigerbar, es ist unverfügbar, d. h. ich muss mich einlassen, ohne zu wissen, was passiert. Ich kann jedoch für Bedingungen sorgen, die dies wahrscheinlicher machen. Gleichzeitig kann Resonanz auch dort geschehen, wo ich es nicht erwarte – selbst unter entfremdeten Bedingungen. Resonanz ist somit kontingent und damit ergebnisoffen, d. h. wenn sich Resonanz ereignet, wissen wir zwar, dass Transformation stattfindet, jedoch nicht, in welche Richtung. Wir können sie auch nicht festhalten oder steigern – so gern wir das manchmal möchten. Resonanz bleibt unverfügbar.

> „Denn sobald wir in eine Kampfbeziehung treten (oder in den Aggressionsmodus schalten), sind wir zu einer resonanzdämpfenden Schließung gezwungen. Dann wollen wir uns nicht erreichen lassen, sondern uns durchsetzen." (Rosa 2019, S. 45)

Bei Resonanz geht es also um eine **Antwortbeziehung,** wie wir sie auch in der Religion, der Natur oder der Musik erleben. Es gibt eine physische, psychische, räumliche und zeitliche Disposition, die Resonanzerfahrungen wahrscheinlicher machen. Diese gilt es herzustellen durch z. B. Entspannung, Vertrauen, genügend Zeit und den passenden Raum.

Gleichzeitig haben wir alle ein Recht auf Resonanzverweigerung. Der Panzer des Schutzes aufgrund von Angst, Zeitdruck, schwieriger, stressiger Bedingungen hält resonante Erfahrungen auf Abstand. Nicht nur um Weltreichweite zu realisieren, werden wir oft resonanztaub. Wir können als Transformationsbegleiter den transformativen Effekt von Resonanz nicht planen, ihn nicht verfügbar machen. Wir können nur Räume dafür öffnen, die Resonanz wahrscheinlicher machen.

Resonanz ist zwar nicht verfügbar, aber sie geschieht. Wir haben die Möglichkeit, Rahmen zu gestalten, in denen Resonanz positiv wirken kann – statt in einen wie auch immer gearteten Kampfmodus zu verfallen, in dem ich als Beraterin z. B. mehr will als die Organisationseinheit oder der Auftraggeber. Oder in dem ich als Führungskraft eine Entscheidung über die Organisationskultur treffen will – ohne in Resonanz mit den Mitarbeitenden zu gehen.

Dabei kann mir das Bild der **„Zwischenräume"** helfen, die im Transformationsprozess entstehen, in denen affiziertes Hören und selbstwirksames Antworten entstehen kann (vgl. Schwarz 2021, S. 91). Es geschieht gegenseitige Modifikation, ohne das Eigensein zu verlieren. Forrer Kasteel (2023) hat das Resonanzdreieck nach Rosa und Endres aus der Pädagogik in die Organisationsberatung transferiert. Dort wird deutlich, inwieweit Resonanz zu wechselseitiger Anverwandlung werden kann, wenn nur die Resonanzräume geöffnet werden (Abb. 5.2).

Zwischen Transformationsbegleiter und den Menschen, mit denen er arbeitet, ergibt sich eine horizontale Resonanzachse der resonanten Beziehung. Die diagonale Resonanzachse stellt die Beziehung zum Zielinhalt dar, d. h. das Anliegen, das Thema braucht Resonanz, die oft auch erst hergestellt werden muss. Und es braucht die vertikale Resonanzachse zum Kontext, welcher zum einen die Gesamtorganisation und im Weiteren der gesellschaftliche Kontext ist. Dieses Dreieck gilt es als Raum aufzuspannen, in dem Resonanzphänomene entstehen können.

Resonanzräume sind Orte, zu denen es die Beteiligten hinzieht. Wenn die Orte der Beratung und des Meetings eine **Anziehungskraft** haben, dann ist Resonanz geschehen. Schwarz schlägt „Resonanzsensibi-

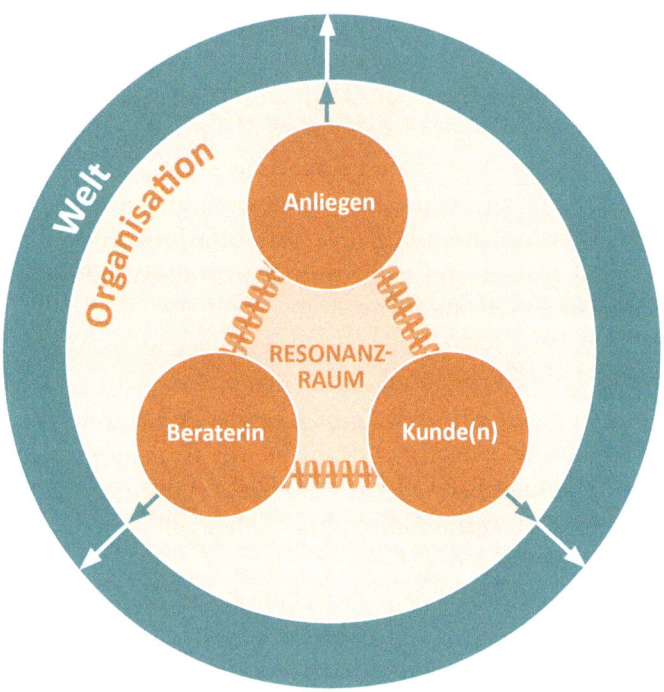

Abb. 5.2 Resonanzdreieck. (Quelle: In Anlehnung an Forrer-Kasteel 2023, S. 164; mit freundlicher Genehmigung von © hep Verlag 2023. All Rights Reserved)

lität" als Qualität für die Begleiter eines Veränderungsprozesses vor und regt drei Punkte an:

1. Die eigene Wahrnehmung fokussieren.
2. Wahrnehmung der Resonanz im Gegenüber – nicht zuletzt die somatischen Reaktionen. Das bedeutet, ein Gespür für die Berührung des Beteiligten zu bekommen, und den Flow in den Schwingungen zu erkennen und eigene Fantasien dazu zu entwickeln. Die so entstandenen Hypothesen können nutzbar gemacht werden – sind jedoch immer als kontingent zu betrachten.
3. Einen geschützten Raum entstehen lassen, Sicherheit. Gefühle halten. Auch Leerräume und Schweigen.

Insgesamt brauche ich als Beraterin eine Offenheit für die Menschen in den Prozessen und das, was geschieht – das, was Hartmut Rosa „affizierende Wirksamkeit" nennt.

> „Wer sich keine affizierende Wirksamkeit zutraut, wer die Erfahrung nicht gemacht oder verlernt hat, dass er oder sie intrinsisch zu berühren und eine entgegenkommende Antwort auszulösen vermag, wird sich drauf beschränken, der Welt der Menschen und der Dinge aggressiv-manipulativ zu begegnen." (Rosa 2019, S. 43)

Mit Spiegelneuronen resonieren

Als physische Basis von Resonanzerfahrungen zwischen Menschen dienen dabei die sogenannten Spiegelneuronen. Joachim Bauer (2019), Professor an der Universität Freiburg im Bereich der Psychoneuroimmunologie, hat sich intensiv mit Resonanzen zwischen Menschen beschäftigt. Er unterscheidet zwei Systeme, durch die Menschen miteinander innere Haltungen teilen und aufeinander Wirkung zeigen. Das erste ist das **„Selbst-System"**. Dabei handelt es sich um Nervenzellwerke, die aktiv werden, wenn wir uns darüber Gedanken machen, wer wir sind. Dies nennen wir in der Psychologie **„Mentalisieren"** und ist ein vorwiegend kognitiver Prozess. Wenn wir nun über einen anderen Menschen nachdenken, über seine Eigenschaften, Intuitionen und die Befindlichkeiten, dann mentalisieren wir ihn. In Untersuchungen wurde festgestellt, dass sich die Selbstsysteme von sich nahestehenden, verbundenen Menschen sehr stark ähneln. Es gibt gelegentlich Tendenzen, sich dem Selbst eines anderen anzugleichen. Hintergrund dafür sind Identifikationen z. B. durch den Wunsch, wie eine andere Person sein zu wollen. Auch im Liebesakt, während sich körperliche Phänomene wie Puls und Atem synchronisieren, kann ein sogenannter „Selbst-Transfer" geschehen. Die Beobachtung zeigt:

> „Neuronale Netzwerke, in denen unsere Vorstellungen über das eigene Selbst gespeichert sind, sind teilweise identisch mit Netzwerken, in denen das Bild gespeichert ist, das wir uns von anderen Menschen machen" (Bauer 2019, S. 80).

Es gibt eine Überschneidung der Netzwerke von Ich und Du, eine tiefere Schicht geteilter Identität, die dazu führt, dass ich im Nachdenken über andere und deren Verhalten dies unter Verwendung meiner Bilder über mich selbst tue. Bauer beschreibt dies so, dass uns wichtige Menschen eine Art „neuronale Außenstelle" in uns haben. Wenn wir uns mit zufriedenen Menschen umgeben, so haben wir selbst ein höheres Maß an Lebenszufriedenheit. Der Selbst-Zustand eines Menschen, den ich mentalisiere, hat starken Einfluss auf mich. Diese Phänomene spielen in Transformationsprozessen eine große Rolle: Die Zusammensetzung der Gruppe, die Motivationskraft durch die Ansteckung des zuversichtlichen Geistes – all dies ist in einem Team bereits unverfügbar. Noch unverfügbarer ist jedoch das zweite System, welches auf uns bis in die Biologie hineinwirkt, das System der Spiegelneuronen. Während es im Selbst-System um bewusstes Denken geht, geht es im System der **Spiegelneuronen** um **intuitives Wissen.** Über körpersprachliche Zeichen wird uns hier via Resonanz „Wissen" über die Intention des Gegenübers zugespielt. Wir informieren uns unbewusst per Spiegelneuronen über andere. Allein durch die Beobachtung des anderen werden Nervenzellen aktiv, als würden wir selbst die Handlung des Gegenübers ausführen. Somit sind die Spiegelneuronen Grundlage für Lernen am Modell. Auch Motivation geschieht über die Ansteckung durch andere über die Spiegelneuronen. Die Stärke der spiegelneuronalen Ansteckung hängt von der Qualität der Beziehung ab. Das gemeinsame Durchleben emotionaler Situationen verstärkt die Kooperation, da es die neuronalen Netzwerke der Partner miteinander synchronisiert. Soll die emotionale Qualität dauerhaft abrufbar sein, hilft Wiederholung, die die entsprechenden Synapsenverbindungen verstärkt. Über die Spiegelneuronen erleben wir auch Empathie: die Fähigkeit, das, was andere fühlen, mit allen körperlichen Auswirkungen mitzufühlen. Die entsprechenden körpersprachlichen Signale unseres Gegenübers aktivieren in uns selbst neuronale Systeme, die selbige „lesen", also entschlüsseln und bei uns ebenso die entsprechenden körperlichen Reaktionen auslösen. Wir können also per Spiegelneurone etwas vom anderen wahrnehmen und verstehen. Wir können jedoch auch andersherum durch unsere körpersprachlichen Zeichen die Resonanzsysteme unserer Mitmenschen aktivieren. Wir sprechen dabei über „Ausstrahlung" oder „Präsenz" oder „Charisma".

> „Voraussetzung für eine starke Ausstrahlung ist, dass ich authentisch auftrete, nicht gehemmt bin, meine Körpersprache sprechen lasse, vor allem aber, dass ich anderen keine Angst mache." (Bauer 2019, S. 90).

Über eine entsprechende Aufmerksamkeitsfokussierung ist aufgrund der Neuroplastizität eine bestimmte Haltung formbar. **Eine Kultur einer Organisation** – noch mehr die Kultur der Gesellschaft oder des sozialen Raumes, in dem wir uns vorwiegend aufhalten – **prägt also unsere Gehirne** z. B. im Sinne von Opfer- oder Gestaltermentalität oder im Sinne von Einzelkämpfer- oder Netzwerkkultur.

Gehen wir von diesem Punkt aus noch einmal zurück zu der Frage nach dem freien Willen in Anbetracht der schnellen Reaktion und Handlung aufgrund unserer Trigger und synaptischen Bahnungen. Was wir aus erhaltenen Signalen machen, ist immer das Ergebnis eines biologischen Selbstorganisationsprozesses durch das Gehirn. Unser Verhalten geschieht teils unwillkürlich und ist teils bewusst gesteuert. Doch wir haben auch auf den Teil des Unwillkürlichen einen Einfluss durch unsere Gewohnheiten, wie z. B. durch Achtsamkeitstraining. Doch mindestens so wirksam ist die Prägung aus dem uns bedeutsamen, emotional wichtigen sozialen Kontext – sowohl auf unser Selbst-System als auch auf unsere Spiegelneuronen. Unsere Wertesysteme prägen somit unsere neuronalen Netzwerke und umgekehrt.

> „Wenn Umwelten regelmäßig und über lange Zeit Signale einer bestimmten Art produzieren, dann passt sich nicht nur das Verhalten, sondern auch das begleitende neurobiologische Geschehen strukturell an diese Situation an." (Bauer 2019, S. 157)

Als Transformationsbegleiter wiederum bedeutet das, bei sich selbst beide Systeme zu aktivieren im Hinblick auf das **„Lesen und Verstehen"** anderer und über sinnvolles Handeln hinaus auch sinnliches, **authentisches Handeln in Form von Präsenz** zuzulassen. Das hat selbstverständlich auch eine Bedeutung für die Arbeitsatmosphäre.

Wenn Arbeit zur Entfremdung wird statt zur Selbstwert-Ressource durch Sinn und Zugehörigkeit, finden keine solchen positiven Resonanzphänomene statt – weder das Selbst-System noch die Spiegelneuronen werden in einem solchen Umfeld aktiviert. Andererseits kann in einem positiven Klima Arbeit zu sinnvoller Selbsttranszendenz werden.

An dieser Stelle sind die Übergänge zum nächsten Thema, zur Emergenz fließend. Durch Kommunikation – und wie wir nun wissen, sowohl verbaler als auch non-verbaler Art – sind Beziehungen Träger von Energiefluss und Information. Dabei entsteht ein emergenter Prozess.

5.3   Emergenz ermöglichen – durch Selbstorganisation

Etwas übersummatives aufsteigen lassen

Emergenz (lat. „Emporsteigen", „Auftauchen") beschreibt

> „jene Eigenschaften eines Systems, die aus den Eigenschaften seiner Elemente nicht erklärbar sind, die mithin neu und charakteristisch nur und erst für die Ebene des jeweiligen Systems sind. Diese Eigenschaften sind nicht den Elementen zuzurechnen, sondern der bestimmten selektiven Verknüpfung der Elemente im Kontext des Systems." (Willke 2000, Glossar).

Diese emergenten Eigenschaften kommen durch das, was zwischen den Elementen geschieht zustande. Das nennen wir Selbstorganisation – im Gegensatz zu einer von außen gesteuerten Fremdorganisation. Selbstorganisation geschieht in komplexen sowohl psychischen als auch sozialen Systemen – in Organisationen wie im Gehirn (vgl. Kruse 2007). Wie kommt sie zustande?

Am Anfang einer Transformation ist die Spannung, so schrieb ich im ersten Kapitel und bezog mich dabei auf die System-Umwelt-Differenz, die durch die entsprechende strukturelle Kopplung und Anschlussfähigkeit etwas Neues ins System lässt und somit Veränderung bringt. Es braucht **relevante Irritationen** – oftmals eine erhöhte Komplexität im Außen – damit sich etwas bewegt, ansonsten wäre aufgrund der Selbstreferenzialität eine relative Stabilität der Operationen zu erwarten.

> Emergente Systeme sind Systeme, die aus Störungen neue und bisweilen höhere Komplexität generieren. (Horx o.J.)

Sie tritt dann auf, wenn selbstreferentielle Zirkel entstehen, die sich in einer Weise miteinander verketten, sodass sie die Elemente eines neuen Systems bilden. Dies geschieht über **Knotenpunkte** – in sozialen Systemen sind dies Knotenpunkte der Kommunikation, in psychischen Systemen sind es neuronale Netzwerke. Abb. 5.3 soll dies skizzieren.

Die Selbstreferenz führt dazu, dass Gegebenes qualitativ neu gruppiert wird, sodass neue Elemente von neuen Systemen entstehen, die

Abb. 5.3 Emergenz durch Selbstorganisation. (Eigene Abbildung auf Grundlage von © [M] aimage – 123rf.com)

gegenüber den vorher bestehenden Konstellationen autonom sind. Das, was da geschieht, können wir Evolution oder Transformation nennen. Dabei ist weder Zeitpunkt noch Qualität voraussagbar.

> „Die Selbstorganisationstheorie lehrt uns, dass eine grundlegende Musteränderung eine Instabilität benötigt und in der Instabilität die weitere Entwicklung des Systems prinzipiell unvorhersagbar ist." (Kruse 2020, S. 61)

Für die Begleitung von Veränderungsprozessen ist hier einerseits wichtig, zu beobachten, wo die „Hubs", die Knotenpunkte der Organisation sein könnten. Diese kann ich stärken und konstruktiv nähren. Ferner gilt es, **der Emergenz einen Raum zu geben,** sodass sie konstruktiv gerahmt in der Organisation wirksam werden kann. Die Selbstorganisation im konstruktiven Sinne zu kanalisieren ist Aufgabe der Fremdorganisation.

Julia Andersch und Oliver Martin (2021) sehen das Balancieren von Spannungsfeldern als wesentliche emergenzfördernde Aufgabe. Emergenz erfordert **Paradoxiemanagement** und Ambiguitätstoleranz, da es eine Gleichzeitigkeit von Gegensätzlichem beinhaltet, wie z. B. die Gleichzeitigkeit von Zielen und eine Ergebnisoffenheit. Dies kann umso besser gelingen, wenn wir nach Intentionen fragen, statt nach Zielen. Die tiefer liegenden, näher an der Bedürfnisebene angeknüpften Intentionen beinhalten mehr Möglichkeiten des Erlebens von Verbundenheit als konkrete Ziele, die oft in harten Positionen formuliert werden. Ferner ist Einbezug und Partizipation gefragt und dennoch ein klarer Rahmen. Es braucht Ergebnisse und bleibt dennoch ein offener Prozess.

Dies geschieht in der Praxis beispielsweise durch generative, ergebnisoffene Gruppendialoge wie sie in partizipativen Methoden für Meetings ermöglicht werden.

Matthias zur Bonsen und Myriam Mathys schlagen Großgruppenkonferenzen oder Circle als Methoden vor, in denen diese Emergenz zu Tage tritt und sehen es als Aufgabe für Führungskräfte und Beraterinnen **„Raum für Lebendigkeit"** zu öffnen und „Gastgeber exquisiter Dialoge" zu werden (vgl. zur Bonsen und Mathys 2012, S. 314).

Für Transformationsbegleitung braucht es eine Steuerungskompetenz, die fließend und prozesshaft ist, die offen ist für Experimente. Es bedarf einer konstruktiven Umgangsweise mit dem eigenen Nicht-Wissen. Es gilt, sich überraschen lassen, zu vertrauen in das, was passiert und auf sich selbst im Umgang mit dem Unvorhergesehenen (vgl. Salzmann 2021, S. 4 f.).

Veränderung braucht Zeit und Energie. Musterwechsel sind immer mit Verunsicherung verbunden und es ist mit Leistungseinbrüchen zu rechnen (vgl. Kruse 2020, S. 77). Umso wichtiger sind die gemeinsame attraktive Vision und ein Weg, der dem auch Lustvolles entgegensetzt.

Durch Netzwerken schwarmintelligent werden
Matthias Horx formuliert die Grundregel zum Umgang mit Komplexität:

> Ein Regelungs-System muss mindestens genauso komplex sein wie das System, das es regelt, um die Stabilität des Gesamt-Systems zu garantieren. (Horx o.J.)

Peter Kruse (2007) erklärt dies genauer. Der im Jahr 2015 verstorbene Berater und Honorarprofessor für Hirn- und Organisationsforschung sah eine Parallele zwischen der Vernetzung im Gehirn und der Vernetzung in Organisationen. Menschen können beispielsweise mit der Komplexität der Welt umgehen, weil das Gehirn selbst laufend **dynamische Komplexität** erzeugt. Auf die Wirtschaftswelt bezogen bedeutet dies, dass Unternehmen intern eine hohe Vielfalt erzeugen müssten, um auf die Vielfalt des Marktes reagieren zu können. Und sie müssten die Vernetzung nach außen suchen. Spannungen, damit meint er widerspercherzeugende Störungen und Auseinandersetzungen, bleiben dabei nicht aus und wirken sogar förderlich, weil neue Ordnungsmuster nicht aus Harmonie entstehen. Harmonische Systeme sind dumm, formuliert er. Peter Kruse fasste die Notwendigkeit von Spannung prägnant zusammen: „Wenn wir keine gegengleiche Komplexität haben, sind wir nicht lösungsfähig."

Insofern ist es im Sinne der Emergenz hilfreich, weitere Netzwerke nicht nur innerhalb der Organisation, sondern auch organisationsübergreifend herzustellen. Damit geht also der Weg der Entwicklung von

Organisationen von individueller über Teamintelligenz hin zu Netzwerkintelligenz. Für die Kommunikation in der Vernetzung empfiehlt Peter Kruse, auf starke und verbindliche Wertemuster zu achten, weil Einzelne sich sonst aus dem Dialog ausnehmen. So machten auch Vernetzung und Beteiligung allein noch keine Mobilisierung aus, diese beginne erst dort, wo auch Bedeutung und Bewertung vorliegen – eine weitere Erklärung dafür, warum es wichtig ist, sich des Sinns in Organisationen immer wieder zu vergewissern (vgl. Abschn. 3.2.5). Die Bedeutung müsste fortlaufend gewährleistet sein, um nicht zur Beliebigkeit zu verkommen, denn was beliebig ist, hat keine Spannung.

Um Emergenz vor dem Chaos zu retten, um genügend **Stabilität in der Instabilität** zu halten, braucht es eine Führung, die ihren Blick auf die Prozesse lenkt. Dabei ist es äußerst relevant, die Regeln der Kultur und Prozesse zu reflektieren und sichtbar zu machen (vgl. Kruse 2020, S. 160).

Ferner braucht es, damit möglichst viele emergente Prozesse in Gang kommen können, eine genügend hohe Komplexität im Innen entsteht, Verbundenheit und Kollaboration untereinander.

5.4 Vertrauen in den Prozess haben und weitergeben

Ich nehme zum Schluss noch eine etwas gewagte Dimension mit hinzu, die in der Vergangenheit oft von Wahrheit beanspruchenden, dogmatischen Institutionen beansprucht wurde. Ich schließe mich der Frage von Martina Gross und Vera Popper an, die es so ausdrücken:

> „Wie schreibt man über diese Verbindungen zwischen dem menschlichen Bewusstsein und dem der Welt, der Natur, des Universums – wenn ‚esoterisch' nicht das Label ist, das man anstrebt?" (Gross und Popper 2022, S. 142).

Es geht um die Annahme einer wie auch immer gearteten Transzendenz, der wir uns anvertrauen, der wir vertrauen und aus der wir schöpfen dürfen. Transzendenz kommt aus dem Lateinischen und heißt „übertreten".

In der Auseinandersetzung mit der Sinngebung von Projekten, Organisationen und Handlungen an sich, haben wir uns bereits mit Viktor Frankls existenzanalytischem Begriff der **Selbsttranszendenz** beschäftigt (vgl. Abschn. 3.2.5), welcher beinhaltet, dass wir unseren Sinn nur uns selbst überschreitend erfüllen können und, dass der Mensch einen intentionalen Wesenszug hat. Dabei bleibt die Vorstellung der Sinnhaftigkeit jedoch vorerst *innerhalb* des Erfahrungsraums des Menschen: die Vorstellung in der Welt wirksam zu sein. Es könnte jedoch noch eine Transzendenz außerhalb unseres Erfahrungsraums geben.

Die Transzendenz, an die ich hier denke, ist noch unverfügbarer. Sie bleibt eine – wie ich finde für die Beratung förderliche – Annahme und geht davon aus, dass etwas jenseits unserer Erfahrungswelt wirksam ist. An dieser Stelle bleibt auch Sprache oft unverfügbar, wenn z. B. Gunther Schmidt im Interview über eine spirituelle Perspektive in der Beratung sagt, es gäbe eine „prinzipielle Erfahrung, die über das normale Ich-Erleben hinausgeht und es in einen größeren Zusammenhang bringt…" (Schmidt 2012, S. 242). Die Erfahrung sei zwar noch sinnlich repräsentiert, gehe jedoch über die gewohnten Qualitäten der Sinneswahrnehmung hinaus.

Was also das „Vertrauen in den Prozess" auslöst ist das (noch nicht erschöpfend) erforschte Empfinden von Verbundenheit über das Sichtbare hinaus. Gross und Popper (2022) beziehen sich auf den Quantenphysiker Hans Peter Dürr und Max Planck, wenn sie schreiben, dass hinter aller Materie primär Zusammenhang und Verbindung existiere. Die Welt ist folglich weniger etwas zu Begreifendes als vielmehr Beziehung. Wir Menschen können uns als **Teil eines größeren Ganzen** verstehen.

Transzendenz beinhaltet so einerseits das Erleben des Eingebundenseins in einen größeren Zusammenhang. Gleichzeitig verweist sie in Anbetracht unserer menschlichen Begrenztheit und Endlichkeit über uns hinaus. Es gibt Dinge in unserem eigenen Leben, in Organisationen und unserer Gesellschaft, in dieser Welt, die bleiben uns unverfügbar, die können wir nur begrenzt beeinflussen. Um diese Grenze zu akzeptieren, hilft uns die Vorstellung einer Transzendenz, die uns übersteigt.

„Wer den Horizont über das Sichtbare zu spannen weiß, kann die Fragen nach dem Woher und Wohin des Menschen, Schicksal und Kosmos in einer anderen Dimension vermuten, dass all das anvertraut werden kann, was unserer Einsicht unzugänglich bleibt." (Tholen 2012, S. 261).

Somit wird aus der Endlichkeit eine Unendlichkeit, die eine unerschöpfliche Quelle darstellt. Dies erleben wir sowohl in Erfahrungen von Liebe oder Hoffnung, die bei aller Verwendung nicht weniger wird, als auch in Erfahrungen des Eingebundenseins mit dem Lebendigen – vor allem in der Natur. Wie Gunther Schmidt 2012) sagt, sind diese Quellen trotz des transzendierenden Moments sinnlich spürbar. Es handelt sich um nicht-sichtbare Verbindungen zwischen uns, die Verbindung in und durch die Natur, die Verbindung zur Welt als solchen, zur „universalen Welt", wie Gross und Popper 2022) sie bezeichnen.

Selbst der geniale Physiker Albert Einstein, der sich als Agnostiker bezeichnet, beschreibt diese **Ahnung von etwas Unbegrenztem.** Im folgenden Zitat – er nutzt zwar religiöse Begriffe, allerdings in einer aufgeklärten Symbolsprache – stellt er diesen metaphysischen Bezug dar.

„Meine Religion besteht in meiner demütigen Bewunderung einer unbegrenzten geistigen Macht, die sich selbst in den kleinsten Dingen zeigt, die wir mit unserem gebrechlichen und schwachen Verstand erfassen können. Die tiefe, emotionelle Überzeugung von der Anwesenheit einer geistigen Intelligenz, die sich im unbegreiflichen Universum öffnet, bildet meine Vorstellung von Gott." (Einstein nach Calaprice 2005, S.187).

Um sich mit seiner eigenen „Mittelmäßigkeit" ins Spiel begeben zu können, braucht es dieses Vertrauen in den Prozess all dessen, was in dem Spiel „mitspielt". Dazu gehört nicht nur das Vertrauen in sich und die anderen. Auch der Kontext wird hinzugezogen – der Kontext des aktuellen Raums ebenso wie der Kontext der Gesellschaft. Die Annahme unserer Begrenztheit verhilft folglich bei der Entfaltung unseres Potenzials. Wenn wir uns weiter an Einsteins Gedanken orientieren, beinhaltet er auch den Glauben an eine Intelligenz, auf die wir uns ausrichten können und die dann im Sinne der Emergenz wirksam werden kann.

Gern halte ich die darin steckende **Demut** fest, die meines Erachtens ein Qualitätskriterium für jeden Berater, jede Führungskraft, jeden Transformationsbegleiter ist. Auch Joana Breidenbach und Bettina Rollow, denen ich den Begriff der „Inner Work" zu verdanken habe, gehen davon aus, dass wir den Wunschgedanken an menschliche Allmacht ablegen müssen und einen bewussten Umgang mit der Vergeblichkeit lernen sollten.

> „Zeichen für menschliche Reifung ist es auch, anzuerkennen, was wir alles nicht verändern können." (Breidenbach und Rollow 2023, S. 256 f.).

Es geht darum, sich in seiner Durchschnittlichkeit mit aller tragbaren Verantwortung für die nötige Erkenntnis, die Beziehungsgestaltung und die tatkräftige Rahmengestaltung einzusetzen. Eine Abwertung? Nein – eine Entlastung und der Freiraum mutig zu handeln.

Der Weisheit letzter Schluss für Transformationsbegleiter
So möchte ich am Ende des Kapitels folgende Punkte festhalten:

a) Wir können Transformation nicht machen – wir können allenfalls den Boden dazu bereiten.
b) Wir sind aus Gründen der Kontingenz und Emergenz ergebnisoffen.
c) Wir nutzen diese Unverfügbarkeit – wir utilisieren sie als eine Chance. Wir laden sie ein – weil sie sowieso auftreten wird.
d) Wir tun das ohne blinde Hingabe an esoterisches Denken – sondern im Gegenteil aus bodenständigem Vertrauen und dem zunehmenden Wissen über die Unverfügbarkeit.

All diese Gedanken zur Unverfügbarkeit weisen auf das Wortfeld hin, welches das GPA für die Position der Weisheit bereithält: Freude, Mitgefühl, Humor, Dankbarkeit, Querdenken und Leichtigkeit … als gute Zutaten für die Ermöglichung von Transformation.

Literatur

Andersch J, Martin O (2021) Emergenz fördern durch syntaktische Prozessge-
staltung. In: Emergenz: Das Entstehende sehen und nutzen. Trigon Themen
3/2021 https://www.trigon.at/artikel/trigon-themen-032021-emergenz-in-
der-beratung/. Zugegriffen:: 01. mai 2023
Bauer J (2019) Wie wir werden, wer wir sind. Die Entstehung des menschlichen Selbst durch Resonanz. Blessing, München
zur Bonsen M, Mathys M (2012) Inseln der Lebendigkeit. Das soziale Be-
triebssystem von Organisationen bewusst gestalten. In: Hänsel M (Hrsg)
Die spirituelle Dimension in Coaching und Beratung. Vandenhoek & Ruprecht, Göttingen, S 298–315
Breidenbach J, Rollow B (2023) Die entfaltete Organisation. Mit Inner Work
die Zukunft gestalten. Vahlen, München
Calaprice A (2005) Einstein sagt: Zitate Einfälle Gedanken. Piper, München
Ferrari E (2021) Wege aus dem Dilemma. Das Syst-Tetralemma: Ein Beides
finden. Ferrari Media, Aachen
Forrer Kasteel E, Schuler Braunschweig P (2023) Wenn es an Tagesschu-
len knistert. Ein Qualitätsmodell zu resonanten Tagesschulen. In: Schuler
Braunschweig P, Kappeler C (Hrsg) Tagesschulen im Fokus. hep Verlag,
Bern, S 156–182
Goschke T (2014/2015) Wille und Bewusstsein: Sind unsere Entscheidung
das Ergebnis unbewusster Hirnprozesse? Vorlesung Kognitive Neurowissen-
schaft TED https://tu-dresden.de/mn/psychologie/ifap/allgpsy/ressourcen/
dateien/lehre/lehreveranstaltungen/goschke_lehre/ws2014/ppt_can/VL09-
Libet-und-die-Folgen.pdf?lang=de. Zugegriffen: 01. Mai 2023
Gross M, Popper V (2022) Und die Maus hört ein Rauschen. Hypnosystemi-
sche Erleben in Therapie, Coaching und Beratung. Carl-Auer, Heidelberg
Groth T (2017) 66 Gebote systemischen Denkens und Handelns in Management und Beratung. Carl-Auer, Heidelberg
Horx M (o.J.) Komplexität und Emergenz https://www.horx.com/zukunftsfor-
schung/komplexitaet-und-emergenz/.Zugegriffen: 01. Mai 2023
Kruse P (2020) next practice. Erfolgreiches Management von Instabilität. Ver-
änderung durch Vernetzung. Gabal, Offenbach
Kruse P (2007) Prof. Peter Kruse über Kreativität https://www.youtube.com/
watch?v=oyo_oGUEH-I. Zugegriffen: 01. Mai 2023
Luhmann N (1997) Soziale Systeme. Grundriß einer allgemeinen Theorie.
Suhrkamp Taschenbuch, Frankfurt a. M

Migge B (2016) Sinnorientiertes Coaching. Beltz, Basel

Röösli F (2015) Initialisierung musterbrechender Managementinnovation. Eine interdisziplinäre Betrachtung. EUL Verlag, Zürich https://athene-forschung.unibw.de/doc/112793/112793.pdf. Zugegriffen: 28. Juli 2023

Rosa H (2019) Unverfügbarkeit. Residenz Verlag, Wien-Salzburg

Salzmann H (2021) Emergenz in der Beratung. In Emergenz: Das Entstehende sehen und nutzen. Trigon Themen 3/2021 https://www.trigon.at/artikel/trigon-themen-032021-emergenz-in-der-beratung/. Zugegriffen: 01. Mai 2023

Schmidt G (2012) Eine spirituelle Perspektive im Ansatz des hypnosystemischen Coaching. In: Hänsel M (Hrsg) Die spirituelle Dimension in Coaching und Beratung. Vandenhoek & Ruprecht, Göttingen, S 242–249

Schwarz R (2021) Supervision und Coaching als Resonanzraum für berührende Transformation. In: Organisationsberat Superv Coach (2021) 28:85–96 https://link.springer.com/article/10-1007/s11613-021-00691-x Varga v. Kibéd M: Varga von Kibéd über Ordnung, Wissen, Vertrauen (das triadische System) https://youtu.be/jSFeO1lyadY. Zugegriffen: 01. Mai 2023

Tholen M (2012) Die Quelle kann man nicht austrinken! Glaubenspolaritäten im Coaching. In: Hänsel M (Hrsg) Die spirituelle Dimension in Coaching und Beratung. Vandenhoek & Ruprecht, Göttingen, S 250–262

Varga von Kibéd (2014) Varga von Kibéd über Ordnung, Wissen, Vertrauen (das triadische System) https://youtu.be/jSFeO1lyadY Zugegriffen: 01. Mai 2023

Willke H (2000) Systemtheorie I. Grundlagen. Eine Einführung in die Grundprobleme der Theorie sozialer Systeme. UTB, Stuttgart

6

Zum Schluss – Das Konzept

Wir sind einen Weg gegangen: Von den Grundlagen des GPA über die Elemente des Wissens, des Vertrauens und des Handelns bis hin zur Grundhaltung der Weisheit – und stehen nun am Ende einer kompakten und gleichzeitig unvollendeten Darstellung eines wachsenden Konzepts von Transformation, welches „Inner Work", die Arbeit an tiefliegenden Anteilen bewusst, weil entgegen allen Alltagshandelns, nach vorne holt.

Den Teppich des Vertrauens ausrollen
Als erstes und immer wieder rolle ich den „Teppichs des Vertrauens" aus: Des Selbstvertrauens, des Vertrauens in die Beziehungen und in das Vertrauen in eine sinnvolle Zukunft. Dazu ist es in Organisationen wesentlich, als Begleiterin in gute Verbindung mit den wesentlichen Gestaltern des Prozesses zu treten und den verbindlichen Kontakt während des gesamten Prozesses zu pflegen Ich tue das in der Grundhaltung der dynamischen Weisheit – mit Reflexion, Mitgefühl und Humor – und mit dem Wissen um Unverfügbarkeit.

A. Hötger, *Mut zu Inner Work – die Hindernisse zur Transformation überschreiten*, https://doi.org/10.1007/978-3-662-68194-7_6

Nützliche systemische Hypothese(n) bilden

In guter Beobachtung und Wahrnehmung des Systems bilde ich im systemischen Sinne Hypothesen. Das heißt, ich beschreibe zirkuläre Wechselwirkungen, das sind „funktionale", eingespielte Verhaltens- oder Denkmuster. In nützlichen systemischen Hypothesen unterstelle ich positive Absichten und sinnvolle Funktionen und erkenne auch die Ressourcen darin. Die im Kapitel Wissen generierten Theorieansätze – die noch erweitert werden können – sind dabei dienlich. Zudem nutze ich selbstverständlich auch meinen Erfahrungsschatz und intuitives Wissen – welches ich bestenfalls so versprachlichen kann, dass ich daraus eine folgerichtige Intervention ableiten kann.

Zunächst geht es darum, die günstigste Einflugschneise für die Transformation zu wählen. Knüpfen wir am Denken, am Tun oder an den Beziehungen, den emotionalen Komponenten an? So oder so geht es um eine anschlussfähige Irritation, die Veränderung ermöglicht. Manchmal ist jedoch die Anschlussfähigkeit an einen bestimmten Pol, aus welchem Grund auch immer, nicht gegeben. Dann versuche ich – nach lösungsorientierter Grundregel – etwas anderes. Andernfalls ist der Zugang mehr oder wenig beliebig – wichtig ist, dass am Ende alle Ebenen berührt und bearbeitet werden.

Mutig intervenieren

Nun kommt der Schritt der Intervention: Ansetzen kann ich sowohl auf der psychischen wie auch auf der sozialen Systemebene. Hier gilt in der Regel der Grundsatz: Warum nicht das eine tun und das andere nicht lassen? Aufgrund der grundlegend systemtheoretischen Sichtweise kann die Veränderung eines Einzelnen nur dann Relevanz für das soziale System ergeben, wenn es eine ausreichend durchdringende strukturelle Kopplung gibt. Ebenso wird sich eine Denkhaltung nur dann dauerhaft verändern, wenn es im sozialen System zu neuen Entscheidungen und damit Strategien, Strukturen und Kultur kommt. Eine Intervention ist dabei immer eine Intervention auf Ebene der Muster, die in den Hypothesen beschrieben werden. Die Frage, die sich stellt, ist die: „Wie können wir das alte Muster durchbrechen?" und „Wie können wir ein neues Muster einführen?". Hilfreich ist dabei immer wieder die Spannung – vor allem die zwischen dem attraktiven Zukunftsbild und der

Gegenwart. Soweit die allgemeingültige Formel für Veränderung aus systemtheoretischer Perspektive. Das besondere an Inner Work ist jedoch, den Fokus auf die tief liegenden, emotional gebundenen, oft unbewussten Aspekte zu richten, die eine einfache Umsetzung von Neuem verhindern.

Im Sinne der ruhenden Weisheit überprüfe ich nun, ob alle drei Pole berücksichtigt sind und wo ich nachjustieren kann und sollte.

Konsequent Stabilisieren

Die ersten Erfolge bedeuten jedoch nicht, dass die Transformation schon gelungen ist. Wie in der Heldenreise folgen weitere Kämpfe, die weitere Kraft brauchen. Wer sind da die Gefährten, wer die Mentoren, wer die Zugkräfte der Transformation? Und wie kommen wir zu weiteren Erfolgen – trotz aller Rückfälle und möglichem Scheitern, welches uns begegnen wird? Es braucht nach wie vor Wachsamkeit – faktisch also Evaluationen oder ein Bulletjournal zur Überprüfung und Verfolgung.

Transformationen sind erst vollzogen, wenn sie nicht nur auf der Strategie- und auf der Strukturebene sondern bis in die Kulturebene hinein sichtbar werden. Das Glaubenspolaritätenschema wird letztlich auf allen drei Ebenen verzeichnen. Für das Individuum werden sich Denkhaltungen, Handlungsabläufe und Beziehungen verändern.

Das Schema des GPA ist – wie alle Schemata – ein Versuch der Komplexitätsreduktion – und wie ich finde, ein sehr gelungener, da es neben der Vereinfachung dennoch eine große situationsangepasste Flexibilität zulässt. Wesentlich ist für mich die Möglichkeit, verschiedene Hypothesen und Interventionen darin unterbringen zu können, von denen hier nur ein Ausschnitt angeboten wird.

Das Unverfügbare nicht vergessen…

Dieser Punkt ist ebenfalls ein Punkt des Konzeptes, insofern, als dass wir mit der Weisheit dessen, dass wir nicht alles in der Hand haben und vieles in der Verbundenheit mit den Menschen und der Welt einfach auch geschieht oder gar geschenkt wird.

... dankbar sein

Das Bewusstsein über das Unverfügbare ist an dieser Stelle vor allem Anlass für eine große Dankbarkeit. Dankbar bin ich allen Vordenkerinnen, bei denen ich mich bedient habe und die ich hoffentlich präzise genug als Quelle meiner Gedanken erwähnt habe. Dankbar bin ich meinen Eltern, die mir gleichzeitig Bildung und Zielstrebigkeit wie auch Demut und Bodenständigkeit mit auf den Weg gegeben haben. Dankbar bin ich auch, dass ich mich in der privilegierten Situation befinde, ein Buch entstehen lassen zu können.

Für mich selbst war das Schreiben dieses Buches ein Teil persönlicher Transformationsarbeit. Wie ich bei den Incisive Questions (vgl. Abschn. 4.2.1) bereits beschrieben habe, brauchte es eine Änderung meiner Grundhaltung, um das Projekt zu realisieren. Vor allem die Spannung in mir, dass ich etwas Gewachsenes sinnvoll zusammen und in die Welt bringen wollte hat mir dabei geholfen. Meine Neugier und die Lust, anschließend damit meine supervisorische Kompetenz noch gezielter für die Organisationsberatung nutzbar zu machen, kamen dazu. Ferner war der Drang, einfach endlich das zu tun, was ich bislang unterließ, sehr groß.

Dankbar bin ich an dieser Stelle zutiefst meinem Mann Burkhard, der in all dem Geschehen selbst eine Transformation durchlaufen hat – und vielleicht erst konnte, weil ich mich zum Schreiben immer wieder zurückzog und er damit eine andere Rolle im Familiensystem übernahm. Dankbar bin ich auch meinen Kindern Magdalena, Benedikt und Matthias, die mir meinen Rückzug in die Klausur in keiner Weise verübelten. Supervisorisch begleitete mich liebevoll und ressourcenorientiert meine persönliche Transformationsbegleiterin und Mentorin Elsa van Amern, durch die ich immer wieder, wenn die „alte Welt" mich herausforderte, den Blick in die Weite und der Möglichkeiten bekam. Dankens- und lohnenswerterweise hat sich meine freundschaftlich verbundene Grafikerin Karin Braukhaus-Becker liebevoll um die Umsetzung meiner kruden Skizzen in harmonische Abbildungen gekümmert. Mein Dank gilt auch meiner lieben langjährigen Freundin Simone Bergner, die einen klaren Blick auf die Formalia geworfen hat. Nicht zuletzt hat meine seit der Supervisionsausbildung bestehende Intervisionsgruppe – allen voran Bernd Wagener und Petra Weigand –

einen wesentlichen Teil zur Umsetzung dieses Projektes auf unterschiedlichen Ebenen beigetragen.

Ich danke auch dem Springer-Verlag, ganz besonders meiner immer ermutigenden Lektorin Mareike Teichmann und der mich vor urheberrechtlichen Fehlern schützenden Merle Schäfer. Allein die Tatsache, dass der Verlag „Ja" zu dem Projekt gesagt hat war ein wesentlicher Schritt zur Verwirklichung.

Ihnen wünsche ich für Ihre Arbeit und Ihr Leben das Vertrauen in die Prozesse, sodass Ihnen bei allen erfahrbaren Grenzen die Möglichkeitsräume vor allem im Miteinander nie aus dem Blick geraten. Ich schließe mit dem Titel. Haben Sie „Mut zu Inner Work".

GPSR Compliance

The European Union's (EU) General Product Safety Regulation (GPSR) is a set of rules that requires consumer products to be safe and our obligations to ensure this.

If you have any concerns about our products, you can contact us on ProductSafety@springernature.com

In case Publisher is established outside the EU, the EU authorized representative is:

Springer Nature Customer Service Center GmbH
Europaplatz 3
69115 Heidelberg, Germany

The manufacturer's authorised representative in the EU is Springer
Nature Customer Service Centre GmbH, Europaplatz 3, 69115 Heidelberg,
Germany. If you have any concerns regarding our products, please
contact ProductSafety@springernature.com

Printed and bound by CPI Group (UK) Ltd, Croydon, CR0 4YY
24/04/2026
02096373-0002